Otto Brink

Spielregeln der Partnerschaft

HERDER spektrum

Band 5109

Das Buch

In diesem Buch werden die Leitsätze von Bert Hellinger dargestellt und für die Gestaltung der aktuellen Partnerschaft ausgewertet. Es handelt sich um die „Ordnungen der Liebe" in der Partnerschaft, um die partnerschaftliche „Tiefenstruktur" also, um die Grundbedingungen, die dazu beitragen, dass Beziehungen zwischen Mann und Frau und über den engeren Rahmen der Kleinfamilie hinaus gelingen.

Leserinnen und Leser werden sensibilisiert für die besonderen Bedingungen des Umfeldes, in dem sie stehen, in das sie hineingeboren wurden und in dem sie aufgewachsen sind. Sie lernen diese tieferen Zusammenhänge verstehen und darauf zu achten, dass innerhalb ihrer familiären Verknüpfungen und Bindungen den Spielregeln und Ordnungen der Liebe möglichst Genüge getan wird. Anhand vieler konkreter Fälle zeigt ein erfahrener Therapeut, wie Partnerschaft glücken kann. – Ein überraschend neuer, origineller Partnerschaftsratgeber, praxisnah mit vielen Beispielen aus der Praxis – für die Praxis.

Der Autor

Dr. med. Otto Brink; Jahrgang 1928; Arzt für Neurologie und Psychiatrie; Psychoanalyse; Systemische Therapie. Praxis für Psychotherapie seit 1965. Grundausbildung in Psychoanalyse und Jungscher Psychologie. Zusatzausbildung und langjährige Praxis in Gestalttherapie, Transaktionsanalyse, TZI, Primärtherapie, NLP und systemischer Paar- und Familientherapie. Seit 1990 Praxis des Familienstellens nach Bert Hellinger.

Otto Brink

Spielregeln der Partnerschaft

Systemische Lösungen nach Bert Hellinger

Vorwort von Bert Hellinger

Herder
Freiburg · Basel · Wien

Originalausgabe

Gedruckt auf umweltfreundlichem,
chlorfrei gebleichtem Papier

Alle Rechte vorbehalten – Printed in Germany
© Verlag Herder Freiburg im Breisgau 2001
Satz: Rudolf Kempf, Emmendingen
Herstellung: fgb freiburger graphische betriebe 2001
Umschlaggestaltung und Konzeption:
R·M·E München / Roland Eschlbeck, Liana Tuchel
Umschlagmotiv: © Image Bank
ISBN 3-451-05109-5

Freude
und der Erde Fülle
für
meine Enkel
Sharon und Jason

Inhalt

Vorwort von Bert Hellinger

Otto Brink ist für mich ein alter Freund. Schon bevor ich meine psychotherapeutische Ausbildung begann, öffnete er mir Türen, die mir sonst verschlossen gewesen wären. Später besuchten wir gemeinsam verschiedene Seminare, zuerst in Gestalttherapie bei Ruth Cohn und später ein vierwöchiges Seminar über Familientherapie bei Ruth McLendon und Les Kadis. Dort kamen wir beide zum ersten Mal auch mit dem Familienstellen in Berührung. Als ich danach wichtige Einsichten in die Ordnungen der Liebe zwischen Mann und Frau und in der Familie gewann, haben wir oft unsere Erfahrungen darüber ausgetauscht und voneinander gelernt.

Otto Brink schöpft aus einer reichen Erfahrung als Mensch, als Arzt, als Psychotherapeut. Das wird auf jeder Seite dieses Buches offenbar. Es ist ein klares Buch, schlicht und doch tief. Es erzählt viele Geschichten, in denen wir uns wieder erkennen, ohne uns belehrt zu fühlen. Und es ist ein mutiges Buch, weil es auch tabuisierte Themen offen behandelt. Vor allem aber ist es ein menschliches Buch, voller Achtung auch für jene, über die wir manchmal leichtfertig urteilen. Mir wurde dabei oft warm ums Herz.

Mein Name wird im Titel dieses Buches und auch sonst öfters genannt. Wie geht es mir dabei? Wie einem Sämann, der Samen ausgestreut hat, die nicht seine waren. Sie kommen von woanders her. Und das Ergebnis? Rilke sagt es wunderschön in einem seiner Sonette:

Selbst wenn sich der Bauer sorgt und handelt,
wo die Saat in Sommer sich verwandelt,
reicht er niemals hin. Die Erde schenkt.

Was macht der Sämann, wenn er die Ernte sieht? Er dankt.

Bert Hellinger

Einführung

Ein bedeutender afrikanischer Schriftsteller aus dem Volk der Fulbe in Westafrika, Amadou Hampâté Bâ, schreibt in seinem Buch „Jäger des Wortes" über die Familientradition in seiner Heimat: „Im traditionellen Afrika ist der Einzelne nicht zu trennen von der Reihe seiner Vorfahren, sie lebt durch ihn weiter, er ist nur ihre Verlängerung. Will man jemanden ehren, begrüßt man ihn, indem man mehrere Male nicht seinen persönlichen Namen – den man in Europa den Vornamen nennt – ausruft, sondern den seines Clans: ‚Bâ! Bâ!' oder ‚Diallo! Diallo!' oder ‚Cissé! Cissé!', denn man heißt in ihm nicht ein Individuum, sondern die ganze Reihe seiner Vorfahren willkommen.

Alles, was wir sind und alles, was wir haben, schulden wir nur einmal unserem Vater, aber zweimal unserer Mutter. Der Mann, sagt man bei uns, ist ein zerstreuter Sämann, wohingegen die Mutter als göttliche Werkstatt angesehen wird, wo der Schöpfer ganz direkt, ohne Mittler also, arbeitet, neues Leben formt und der Reife zuführt. Deswegen wird in Afrika die Mutter beinahe ebenso sehr geachtet wie eine Gottheit." [1]

Bert Hellinger, der 16 Jahre als Missionar in Südafrika gelebt hat, erzählte: Wenn ein Mann und eine Frau heiraten, bitten sie die Lebenden und die Toten der Familie des Mannes, der Familie der Frau und die Zukünftigen um ihren Segen und ordnen sich ein in die Lebensströme der beiden Familien. [2]

In unserer Kultur dagegen besteht eine lange Tradition der zunehmenden Loslösung aus dem Beziehungsgeflecht der Familie und Sippe. Die Werte des Individuums, der autonomen Persönlichkeit werden hervorgehoben und idealisiert. Millionen Menschen leben allein und beziehungsarm dicht beieinander. Die Zahl der Single-Haushalte geht in die Millionen, in Berlin betrug sie schon vor Jahren 40 Prozent aller Haushalte, darunter auch viele alte Leute, die nicht mehr in Familien eingebunden sind.

Dieses Buch gründet auf der Arbeit von Bert Hellinger. Er hat in den vergangenen zwanzig Jahren die Kurzzeittherapie mit dem Familienstellen entwickelt und aus tausendfacher Erfahrung seine Lehre der Ordnungen der Liebe abgeleitet. Die Praxis des Familienstellens zeigt, dass die Annahme einer autonomen Persönlichkeit in vieler Hinsicht eine Illusion ist. Der Einzelne ist viel mehr als er denkt und mag, mit seiner Familie im Guten und Schlimmen über mehrere Generationen weitgehend unbewusst verbunden. Durch das Familienstellen können wir die Gebundenheiten des Einzelnen erkennen und ihn aus den Verstrickungen über Generationen in die bewusste Ordnung der Liebe führen.

Das Buch liefert keine fertigen Lösungen.

Ich möchte Sie auf die Spur aufmerksam machen, die Sie haben und die Sie sind. Folgen Sie Ihrer Spur! Sie werden sich besser kennen lernen, dabei Überraschungen erleben, staunen und sich freuen über sich und Ihre Welt.

Mein Dank gilt Bert Hellinger, dem Lehrer, Meister und Freund.

Die Zahlen in eckigen Klammern weisen hin auf die Herkunft der Zitate in den Anmerkungen ab Seite 156.

Die drei Arten der menschlichen Kommunikation

Sooft ich als Student die Familie Wagner besuchen durfte, fühlte ich mich wohl. Ich wohnte im Sommer 1955 vier Wochen lang in einer Holzhütte in der Nähe ihres Hauses in der Lüneburger Heide und büffelte für das medizinische Staatsexamen. Jeden Abend kam die achtzigjährige Dame an mein Fenster: „Kommen Sie, mein Mann hat für uns gekocht, seien Sie unser Gast." Sie nahm meinen rechten Arm, hakte sich ein, und gemeinsam gingen wir durch den Park ins alte Haus. Der Tisch war gedeckt, Herr Wagner brachte das Essen. Für mich war es jedes Mal ein kleines Fest.

Nach dem Essen saßen wir im Wohnzimmer. Während Frau Wagner in einem Buch las, teilten wir Männer uns die Zeitung.

Nach einer Weile sagte sie: „Hör mal, Eduard, ein schöner Satz: ‚Wenn Untugenden und Fehler nicht wären, es würde der Welt an Wärme, Reiz und Reichtum fehlen.'" [3]

„Der Satz könnte von dir sein, Theresa, du liebst mich mit meinen Fehlern."

„Ja, Lieber, ohne deine Fehler könnte ich dich nur auf einen Altar stellen und anbeten."

„Ich bin froh, Theresa, dass wir Zeit haben, zu lesen und darüber zu sprechen. Ich freue mich auf diese Abendstunden."

Es gab ein langes Gespräch. In meinem jugendlichen Idealismus vertrat ich die Meinung, das Böse müsse mit Stumpf und Stiel ausgerottet werden, und jeder solle unermüdlich an sich arbeiten, um immer fehlerfreier und vollkommener zu werden. Dies sei jedenfalls mein Ziel als Arzt und Mann.

Frau Wagner lobte meine Ideale und fügte hinzu, ich dürfe auch Fehler machen und auf die Nase fallen, Hauptsache, ich würde wieder aufstehen, daraus lernen und meinen Weg gehen.

Etwas später sagte der Hausherr: „Theresa, auf dem Grundstück, auf dem unser Geschäft stand, wird 12 Jahre nach der Bombardierung ein neues Haus gebaut."

„12 Jahre ist das schon her! Wie wunderbar war unsere Rettung und dass wir hier Zuflucht gefunden haben!"

„Ja, es ist ein Geschenk, unser Abend mit Goldrand."

Ich freute mich, dass ich dabeisein und zuhören durfte.

Meine früh gestorbenen Eltern hatte ich nie so miteinander sprechen gehört, so fragte ich meine Gastgeber: „Ich nehme an, dass Sie auch viel Schweres erlebt haben. Waren Sie immer so freundlich und liebevoll zueinander?"

Lange schauten sich die beiden an. Herr Wagner sagte: „Wir hatten viel Glück im Leben. Und du, Theresa, hast mich so toll gesehen!"

„Ich sehe dich immer noch wie damals, mein Lieber."

Herr Wagner begleitete mich nach diesem Gespräch noch durch den Park zur Hütte und sagte: „Immer noch kann ich mich für meine Frau begeistern. Wenn ich in der Stadt zu tun habe und nach Hause komme, klopft mir beim Anblick von Theresa das Herz wie vor 50 Jahren."

Ich habe diese Geschichte an den Anfang des Buches gestellt, weil sie zeigt, dass Liebe gelingen kann, auch für ein langes gemeinsames Leben. Außerdem macht sie eine wichtige Spielregel der Partnerschaft bewusst: Die Beziehung gegenseitiger Bestätigung. Die beiden Wagners haben sie gelebt: Sie schaut ihn freundlich an, er lächelt zurück. Sie liest einen Satz vor, er hört gerne zu. Dann wechseln sie ein paar Worte darüber. Oder: Sie steht auf und legt ihre Hand auf seine Schulter, er nimmt und küsst sie. Die Hausarbeiten waren gut aufgeteilt. So habe ich die beiden erlebt, vier Wochen lang, an jedem Abend drei Stunden. Ich ließ mich gerne einbeziehen in ihren heiteren Kreis, war freundlich und gefällig, half beim Abtragen und Spülen des Geschirrs, reparierte einen Zaun, fuhr mit dem Rad in die Stadt und besorgte die täglichen Einkäufe.

Bei dieser Art von Beziehung, dem ständigen Fluss von Zuwendung und Bestätigung mit Worten und im Verhalten, fühlen wir uns wohl.

Die zweite Art menschlicher Kommunikation ist die abwertende Beziehung:

Wilhelm hat früh Feierabend, macht das Abendessen und freut sich, dass Lena bald nach Hause kommt. Er hört das Auto und geht ihr entgegen: „Schön, dass du da bist, Lena, ich habe uns was zu essen gemacht."

„Lass mich in Ruhe, ich habe keinen Hunger." Lena geht an ihm vorbei und verschwindet in ihrem Zimmer.

Diese Szene ist ein drastisches Beispiel einer abwertenden Beziehung. Wilhelm machte ein freundliches Beziehungsangebot und erwartete, dass Lena darauf erfreut reagierte, z. B. mit dem Satz: „Wie schön, Wilhelm, ich habe einen Bärenhunger." Doch statt einer solchen Bestätigung von Wilhelms Angebot kam eine abwertende Reaktion. Immerhin reagierte Lena auf Wilhelms Angebot, wenn auch in einer abwertenden Weise.

Es gibt eine dritte Möglichkeit der Beziehungsgestaltung:

Wilhelm: „Schön, dass du da bist, Lena, ich habe uns was zu essen gemacht."

Lena geht wortlos und ohne ihn anzuschauen an Wilhelm vorbei und verschwindet in ihrem Zimmer. Sie tut so, als existiere Wilhelm gar nicht, sie leugnet Wilhelms Beziehungsangebot und seine Existenz. Hier sprechen wir von einer Leugnung der Beziehung. Diese Leugnung ist eine Antwort auf Wilhelms Beziehungsangebot, denn es ist für Lena nicht möglich, auf Wilhelms Beziehungsangebot nicht zu reagieren.

Eine weitere Möglichkeit gibt es nicht. [4]

Die drei Arten der Kommunikation in der Beziehung zu sich selbst

Selbstbestätigung

Wenn Sie zu den glücklichen Menschen gehören, die oft mit sich, auch wenn sie allein sind, einverstanden und zufrieden sind, haben Sie eine Beziehung der Bestätigung mit sich selbst, das heißt, in Ihren Gedanken und Selbstgesprächen und mit Ihrem Verhalten stimmen Sie sich zu.

Zum Beispiel: Sie denken an des Tages Arbeit und kommen zu dem Schluss: Das ist mir gelungen, das habe ich gut gemacht. Die Menschen, die sich selbst bestätigen, sind auch mit den Fehlern einverstanden, die wir notwendigerweise machen müssen. Diese Beziehung der Bestätigung ist eine gute Grundlage für gute Beziehungen mit anderen.

Von der Selbst-Abwertung zur Bestätigung

Viele Menschen hadern mit sich, sind unzufrieden mit ihrem Aussehen und Verhalten. Im Selbstgespräch machen sich kritische Stimmen bemerkbar: Was hast du denn da gemacht, guck doch hin, wie schlampig du bist.

Diese inneren Stimmen können wir meistens auf wichtige Menschen unserer Kindheit, die so zu uns gesprochen haben, zurückführen.

Ein Beispiel aus der therapeutischen Praxis: Agnes konnte sich selbst nicht leiden: sie sei eine Versagerin im Beruf, im Haushalt, in der Beziehung zu ihrem Freund. In ihrem

Beruf als Hauptschullehrerin komme es in der Klasse mit 30 vierzehnjährigen Schülern immer wieder zu Streit und Unruhe, sodass sie nur einen Teil der vorbereiteten Inhalte vermitteln könne. „Ich bin eine schlechte Lehrerin, eine katastrophale Hausfrau und in der Liebe eine Null."

Ich fragte: „Agnes, seit wann kennst du diese schlimmen Gefühle?"

„Das war immer so, schon in meiner Kindheit. Mein Vater hatte ständig was an meiner Mutter auszusetzen. Nie war ihm das Essen recht. Einmal waren die Kartoffeln zu hart, beim nächsten Mal zu weich. Meine Mutter ließ sich alles gefallen und bemühte sich vergeblich, es ihm recht zu machen.

Zu mir sagte er oft: „Du bist genau wie deine Mutter", was für mich bedeutete, schlampig, unfähig, eine Null.

Ich sagte: „Das Kind in dir, die kleine Agnes, macht es wie die Mutter und ist auf diese Weise mit der Mutter und auch mit dem abwertenden Vater verbunden. Sag den beiden, wenn du dich selbst kritisierst: „Liebe Mama, ich bin dein Kind, ich will nicht besser sein. Ich beschimpfe mich, wie der Papa dich beschimpft hat, und bin euch nah, in Liebe! Mach dir bewusst, Agnes, dass deine Selbstabwertung ein Ausdruck der Beziehung zu deinen Eltern ist."

„Und kann ich das ändern?", wollte Agnes wissen.

„Der erste Schritt ist, den Wert des Verhaltens als Ausdruck der Verbundenheit und Liebe in der Beziehung zu Vater und Mutter zu erkennen und diesem Wert mit Worten Ausdruck zu geben. Ein zweiter Schritt könnte nach einiger Zeit sein, dass du überlegst, ob es noch andere Möglichkeiten gibt, die kindliche Liebe zu deinen Eltern auszudrücken. Vielleicht gibt es ein paar Ausnahmen, vielleicht erinnerst du dich an Kleinigkeiten, mit denen dein Vater zufrieden war."

„Ja", sagte Agnes, „mein Vater turnte und tobte gerne mit mir und lobte mein Singen und Flötenspiel. – Vielleicht sind

Sport und Musik deshalb meine liebsten Schulfächer. –
Übrigens fällt mir ein, dass die Eltern meiner Schüler mit
mir zufrieden sind. Beim Elternabend hat ein Vater gesagt:
„Unsere Kinder haben eine gute Lehrerin", und alle Eltern
haben geklatscht.

„Schreib diesen Satz auf, Agnes, und hefte ihn an eine
Stelle, wo du ihn oft siehst und sag zu dir selbst: Meine Kinder haben eine gute Lehrerin, ich bin eine gute Lehrerin!

Und ich weiß, Agnes, aus dem Gespräch mit Albert,
dass er dich mag. Er hat viel Liebes über dich gesagt."

„Ja, das stimmt, ich konnte es oft nicht annehmen."

„Mach mal eine Ausnahme, Agnes, und wähle einen
Tag in der Woche aus, an dem du so tust, als könntest du die
Zuwendung und Liebe deines Freundes annehmen. Es ist
ein So-als-ob-Tag. Du tust an diesem Tag, als könntest du
schon zu dir und eurer Liebe ja sagen.

Empfehlung:
10 gute Eigenschaften aufschreiben.

Um die Beziehung der Bestätigung zu sich selbst zu stärken, schreiben Sie 10 gute Eigenschaften von sich auf,
fünf sichtbare und fünf unsichtbare, z. B. Ihr gutes Gedächtnis oder Ihre Freude an schönen Dingen. Diese 10
guten Eigenschaften von den vielen, die Sie haben, müssen noch nicht alle voll entwickelt sein. Viele von ihnen
können noch wie Knospen schlummern. Wenn sie auf-
geschrieben werden, wagen sie sich etwas mehr hervor
und kommen in täglichen prozentigen Schrittchen zu
Blüte und Fülle. Im Laufe der Zeit können Sie weitere
gute Eigenschaften von sich aufschreiben. Machen Sie
diese Übung mit Ihrem Freund. Lesen Sie sich gegenseitig Ihre guten Eigenschaften vor, tauschen Sie dann
die Zettel, und Ihr Freund liest ganz langsam und mit

mehreren Wiederholungen Ihre guten Eigenschaften vor, solange, bis Sie jede einzelne gute Eigenschaft mit einem tiefen Atemzug in sich aufgenommen haben. In gleicher Weise lesen Sie die guten Eigenschaften Ihres Freundes vor.

Der Hass auf sich selbst

Diese schlimmste Form der Selbstbeziehung finden wir bei Menschen, die sich total ablehnen und hassen und in der Selbstvernichtung den einzigen Ausweg sehen. Ich konnte bei meiner therapeutischen Arbeit im Strafvollzug und in psychiatrischen Kliniken mit solchen Klienten arbeiten und mit manchen eine Beziehung gegenseitiger Bestätigung herstellen, die im Laufe der Zeit den Aufbau einer haltbaren Grundlage der Selbstbestätigung ermöglichte.

Bestätigung und Abwertung in der Paarbeziehung

In der Paarbeziehung ist eine Mischung von Bestätigung und Abwertung sehr häufig zu beobachten. Sicher erinnern Sie sich an den Anfang Ihrer Liebe: Wie glücklich Sie mit Ihrem Freund waren, wie Ihnen alles an ihm gefiel, seine Art, sich zu bewegen, zu sprechen, sein Stoppelbart, sogar seine zerschlissene Hose. Und wie er mit Ihnen einverstanden war, 1000 schöne Entdeckungen machte und sogar Ihre erste graue Haarsträhne apart fand.

Wie lange hat dieser glückliche Zustand gegenseitiger Bestätigung gedauert, wann kamen die ersten Anzeichen einer abwertenden Beziehung?

Karin sagte dazu: „Es wurde anders, als unsere sexuelle Liebesbeziehung nach einem halben Jahr zur Routine geworden war. Es lief so dahin, ganz normal. Wir hatten beide viel Arbeit und lange Fahrzeiten und waren abends erschöpft. Wir sahen uns nicht mehr. Ich dachte, wenn ich allein wohnen würde, wäre es leichter. Ich vermisste vor allem unsere Gespräche und Zärtlichkeiten. Meinem Jochen ging es wohl genauso, doch sprechen darüber, nein, dazu hatten wir keinen Mut. Über sowas spricht man nicht. Oft waren wir gereizt, unzufrieden und mürrisch und haben es auf die berufliche Belastung geschoben. An den Wochenenden haben wir viel mit anderen unternommen und gingen unserer Zweisamkeit aus dem Wege. Im Laufe der Zeit fanden wir immer mehr an uns auszusetzen, lauter Kleinigkeiten. Seine zerschlissene Hose, die er immer noch anzog, regte mich jetzt auf, und meine aparte graue Haarsträhne sollte ich mir färben lassen."

Wir finden in diesem Beispiel die Entwicklung von einer Beziehung gegenseitiger Bestätigung zu einer Beziehung mit vielen abwertenden Anteilen.

Die gegenseitige Bestätigung ist für unser Wohlergehen, Zufriedenheit, Gesundheit und Glück entscheidend. Wenn Sie selbst unglücklich sind oder unglückliche Freunde beobachten, werden Sie leicht feststellen, dass eine abwertende Beziehung vorherrscht. In seltenen Fällen besteht auch die schlimmste Form der menschlichen Kommunikation: Die Leugnung der Beziehung.

Ein Paar ertrug es jahrelang, in einem Haus zu wohnen und jeden freundlichen oder feindlichen Kontakt mit Blicken oder Worten zu meiden. Sie taten so, als existierte die Beziehung nicht, obwohl die Atmosphäre des Hauses von dieser feindseligen Leugnung so geprägt war, dass die Freunde der beiden immer seltener zu Besuch kamen.

Lässt sich das ändern? Ja, die Heilmittel haben wir immer parat: Zeit miteinander und das regelmäßige offene Paargespräch, wie ich es auf Seite 76 f. beschrieben habe.

Abwertung und Leugnung in psychiatrischen Kliniken

Wie krankmachend Abwertung und Leugnung sind, zeigen die Untersuchungen von David L. Rosenhan. Schon 1973 hat er in der Zeitschrift „Science" seine Arbeit „Gesund in kranker Umgebung" veröffentlicht. Drei Frauen und fünf Männer hatten sich in verschiedenen psychiatrischen Kliniken aufnehmen lassen. Bei der Aufnahme sagte jeder, er habe Stimmen gehört, die unklare Worte so ähnlich wie „leer", „hohl" und „dumpf" gesagt hätten. Außer dem Vorspielen der Symptome und der Verfälschung von Name, Beruf und Arbeitsplatz wurden keine Veränderungen der Person, der Vorgeschichte oder der anderen Umstände vorgenommen. Dabei waren „keine der Vorgeschichten oder damaligen Verhaltensweisen in irgendeiner Weise ernsthaft pathologisch".

Bei 13 Einweisungen wurde zwölfmal die Diagnose Schizophrenie, einmal manisch-depressive Psychose gestellt. Die Beziehung zwischen Ärzten, Schwestern und Pflegern gegenüber den Patienten war durch Abwertung und Leugnung gekennzeichnet, z.B.:

Scheinpatient: „Entschuldigen Sie bitte, Dr. X, können Sie mir sagen, wann ich für den Gartenbesuch in Frage komme?"

Arzt: „Guten Morgen, Dave. Wie geht es Ihnen heute?" (Geht weiter, ohne eine Antwort abzuwarten).

Das Ergebnis dieser Interaktionen war ein überwältigendes Gefühl der Ohnmacht, sodass die Scheinpatienten Angst bekamen, tatsächlich psychisch krank zu werden.

Der durchschnittliche Kontakt eines Patienten zu Psychiatern, Psychologen, Ärzten und jungen Ärzten in der Ausbildung dauerte 6,8 Minuten pro Tag.

Die Untersuchung von Rosenhan zeigt die krankmachende Wirkung von Beziehungen, die wenig Bestätigung und viel Abwertung und Leugnung enthalten. Außerdem kommt sie zu dem Ergebnis, „dass wir Geisteskrankheit nicht von Normalität unterscheiden können". [5]

Geben und Nehmen im Ausgleich

Wir spüren es, wenn Geben und Nehmen im Gleichgewicht sind, und fühlen uns wohl damit.

Alex und Katja

Alex und Katja lernten sich während des Studiums kennen. Beide hatten durch ein Bafög-Darlehen knapp ausreichend Geld. Sie mieteten eine kleine Wohnung und verdienten durch Kellnern zusätzliches Geld. Geben und Nehmen waren ausgeglichen. Es war eine glückliche Zeit. Nach einem Jahr wurde Katja schwanger. Sie brach das Studium ab und begann eine Ausbildung zur Krankenschwester. Als das Kind da war, arbeitete sie als Nachtkrankenschwester, schlief vormittags einige Stunden und sorgte danach für Sohn und Haushalt. Alex konnte weiter studieren. Mit der Zeit wurde die sonst heitere Katja mürrisch und unzufrieden, launisch und gereizt.

Kaum hatte Alex sein Studium beendet, verliebte er sich in eine Kollegin. Katja merkte sofort was los war und beantragte die Scheidung. Ihre Freunde meinten, dass diese Liebschaft keine ernste Sache sei und rieten ihr abzuwarten. Doch für sie war die Ehe zu Ende: Sie könne ihr Geld als Operationsschwester verdienen und ihren Sohn allein großziehen.

Geben und Nehmen in der Beziehung von Katja und Alex waren über Jahre extrem unausgeglichen, eine in vielen Fällen unerträgliche Belastung. In einer solchen Situation gibt es die Möglichkeit, die Beziehung durch einen Vertrag zu retten. Das Paar vereinbart, dass Alex nach Abschluss seines Studiums, sobald er genügend Geld verdient, den jahrelangen, auch finanziellen Einsatz von Katja voll ausgleicht. Zum Beispiel dadurch, dass Katja ihr Studium fortsetzt oder dass sie ihr während der Studienjahre von Alex verdientes Geld, das sie für den Unterhalt der Familie ausgegeben hat, auf Heller und Pfennig mit Zinsen zurückbekommt. Gut ist es, den Vertrag schriftlich zu machen.

Meistens sind die Unausgeglichenheiten von Geben und Nehmen harmloser. Und doch: Wir spüren schon kleine Abweichungen vom Gleichgewicht und reagieren mit Verstimmung. Oft sind Frauen traditionsgemäß bereit, neben dem Beruf noch für den Haushalt zu sorgen. Der Mann hat sich an den angenehmen Zustand gewöhnt, genießt ihn und sieht keine Veranlassung, etwas zu ändern, obwohl manches Missbehagen deutlich zu spüren ist. Die Beziehung leidet, die erotische Liebe erkaltet, von Sex wird nur noch geträumt.

Die Änderung zum Guten ist grundsätzlich einfach, wie folgendes Beispiel zeigt. Peter und Zissi sind seit einem Jahr ein Paar. Da Zissi die größere Wohnung hat, beschließen die beiden, in ihre Wohnung zu ziehen. Sie vereinbaren die Aufteilung der Kosten und Arbeiten. Da Zissi mehr verdient, will sie 60 Prozent der Wohnkosten übernehmen, Peter gleicht das aus, indem er die zwei Autos, die sie noch brauchen, wartet und repariert. Die Hausarbeiten werden nach den Vorlieben aufgeteilt. Zissi kauft ein, sorgt für die Wäsche und putzt die Fenster, Peter macht zweimal wöchentlich die Wohnung sauber, richtet das Frühstück und, da er oft früher nach Hause kommt, das Abendessen. Für die Haushaltskasse wird ein gleich hoher monatlicher Betrag abgemacht. Diese Vereinbarungen sollen vorerst für drei Monate gelten und können jederzeit geändert werden. Entscheidend ist für beide das Gefühl von Stimmigkeit.

Wenn Sie den Eindruck haben, dass in Ihrer Paarbeziehung Geben und Nehmen unausgeglichen sind, sollten Sie sich zusammensetzen und eine Liste der Arbeiten machen, die Sie und Ihr Partner für das gemeinsame Leben übernommen haben. Was geben Sie, was bekommen Sie? Welche Zeit brauchen Sie für die Arbeit im Haushalt, wie viel Geld wird von jedem der beiden beigetragen? In Liebe zu Ihrer Partnerin dürfen und müssen Sie darauf achten, dass sich beide im Ausgleich von Nehmen und Geben wohl fühlen. Haben Sie den Mut, auf Unstimmigkeiten hinzuweisen, die sich in Missgefühlen zeigen. Machen Sie Verbesserungsvorschläge.

Wie ist es mit dem Ausgleich von Geben und Nehmen in der zärtlichen und sexuellen Beziehung? Schenken Sie sich genügend Zeit füreinander, für Gespräche, fürs Ausruhen nach anstrengenden Tagen, für Zärtlichkeit und die sexuelle Liebe? Nicht jeder kann sich von jetzt auf gleich in eine sexuelle Beziehung lustvoll einlassen, braucht Zeit, Gespräche, Ruhe, Spielen, Zärtlichkeiten.

Ein Freund sagte mir zu seiner Paarbeziehung: „Bei uns fängt der Sex am Morgen an und findet am Abend statt."

Haben Sie Mut, immer wieder über Ihre Wünsche und Ihre Vorlieben in der Liebe zu sprechen. Die Übereinstimmung auf diesem Gebiet verbindet Sie so kraftvoll miteinander, dass Sie auch schwere Zeiten gut bestehen können.

Die Größe der Sexualität

Bert Hellinger schreibt dazu:

„Durch den Vollzug der Liebe entsteht eine tiefe Bindung zwischen Mann und Frau. Diese Bindung ist unauflöslich, und zwar nicht durch die Eheschließung, sondern durch den Vollzug der Liebe. Sogar bei Inzest oder auch bei einer Vergewaltigung entsteht diese Bindung. Das sagt etwas über die Größe der Sexualität.

Manche meinen, die Sexualität sei etwas Übles. Jedoch sie ist ein mächtiger Trieb und sie ist unwiderstehlich. Die Sexualität bringt das Leben gegen alle Hindernisse voran. In diesem Sinne ist die Sexualität größer als die Liebe. Sie wird natürlich besonders groß, wenn sie mit Liebe vollzogen wird ... Manchmal kommt es bei einem Paar rund um den Vollzug der Liebe zu einem geheimen Machtspiel. Wenn zum Beispiel der eine will und begehrt und der andere es nur gewährt, dann nimmt er eine Position der Überlegenheit ein. Der andere Partner, der braucht und begehrt, kommt dadurch in eine unterlegene Position, und das zerstört die Liebe. Die Liebe beruht auf der Ebenbürtigkeit im Begehren und im Gewähren. Die Liebe gelingt nur, wenn beide Partner sich sicher sind, dass ihr Begehren beim anderen aufgehoben ist, dass sie also beide mit Liebe begehren und mit Liebe gewähren. Dass das natürlich mit Rücksichtnahmen verbunden sein muss, versteht sich von selbst."[6]

Der Ausgleich von Geben und Nehmen im Guten ist uns vertraut.

Der hilfsbereite Bob

Bob, ein handwerklich geschickter Mann, war sehr hilfsbereit. Wenn Freunde oder Nachbarn seine Hilfe brauchten, ließ er eigene Arbeiten liegen und war Stunden und manchmal Tage beschäftigt, dem Freund zu helfen. Als er seine Altbauwohnung in wochenlanger Arbeit renovierte, mieden ihn die Freunde und Nachbarn. Für Bob war es eine bittere und heilsame Erfahrung, dass keiner freiwillig kam, um ihm zu helfen. Er lernte, dass er selbst etwas tun konnte, um Freunden Gelegenheit zum Ausgleich zu geben. Er ging hin und bat um Hilfe, die ihm von manchen gerne gegeben wurde. Andere, die ihn beansprucht hatten, ohne an Ausgleich zu denken, mied er in Zukunft. Auch in der Beziehung zu seiner Frau achtete er darauf, Geben und Nehmen im Gleichgewicht zu halten.

Wir haben ein feines Gefühl, eine Art Gleichgewichtsorgan, für diesen Ausgleich von Geben und Nehmen im Guten wie im Schlechten. Auch der Ausgleich im Schlimmen ist uns vertraut. Als ich 10 Jahre alt war, habe ich manchmal aus dem verschlossenen Eckschrank meiner Mutter Schokolade geklaut. Ich fühlte mich schuldig und habe meiner Mutter zum Ausgleich im Garten und in der Küche geholfen. Einmal hat sie mich erwischt, als ich aus einer Weinflasche trank. Sie reagierte wütend: „Zur Strafe holst du mir eine Woche lang Holz und Kohlen aus dem Keller!" Ich war froh, durch diese Strafarbeit die aktuelle „Sünde" und manche vergangene tilgen zu können.

Wenn ein Kind immer wieder etwas „Böses" tut, ohne dass die Mutter es merkt oder darauf reagiert, geschieht es oft, dass das Kind immer mehr des Schlimmen tut, bis endlich die fast schon ersehnte Bestrafung folgt.

Alfs Geburtstagsparty

Alf bekam von seinen Eltern die Erlaubnis, seinen 16. Geburtstag mit Freunden im Sommerhäuschen zu feiern. Alle brachten Essen und Trinken mit, auch Wein, Bier und Whisky. Um Mitternacht waren die meisten betrunken. Alf musste wegen einer Alkoholvergiftung ins Krankenhaus. Als sein Vater ihn am nächsten Tag abholte, sagte er: „Alf, ich habe eben 500 Mark für die Nacht im Krankenhaus bezahlt. Ich will das Geld im Laufe eines Jahres von dir zurück haben. Und morgen räumst du das Sommerhaus auf."

Die Eltern der Freunde meinten, der Vater habe viel zu streng reagiert, er hätte doch ein Auge zudrücken und die 500 Mark aus seiner Tasche bezahlen können. Für Alf und seine Beziehung zum Vater war es gut, dass er den Schaden wieder gut machen konnte. Ein intelligenter Junge weiß natürlich, wie er in einem Jahr 500 Mark verdienen kann. Als Alf nach einem halben Jahr die Hälfte zurückgezahlt hatte, sagte der Vater: „Alf, du hast genug bezahlt, den Rest übernehme ich."

Bert Hellinger betont in einem solchen Zusammenhang, dass Eltern einen Teil der Strafe erlassen sollen. Das Kind spürt dadurch die Liebe der Eltern, wogegen die Forderung nach der 100-prozentigen Buße und Wiedergutmachung ein Gefühl von liebloser Gerechtigkeit hervorruft.

In der Paarbeziehung erscheint uns der Ausgleich im Schlimmen fremd und eher belastend als hilfreich. Manche denken, dass Verzeihen in einer Partnerschaft die gute Lösung sei.

Der Seitensprung von Heinz

Heinz hatte in den Ferien eine flüchtige Liebesbeziehung. Seiner Frau gegenüber fühlte er sich so schuldig, dass er die kleine Affäre nicht bei sich behalten konnte. Kaum war er zu Hause, legte er ein Geständnis ab in der Hoffnung, seine Frau würde wie eine liebe Mutter ihrem Bübchen verzeihen. Weit gefehlt, Sylvia wurde wütend, schrie ihn an, holte sein Bettzeug aus dem Schlafzimmer und warf es ihm vor die Füße. Sie war weniger über den Seitensprung empört als über das Ansinnen ihres Mannes, die Sache durch ein billiges Geständnis aus der Welt zu schaffen. Die Frau war so enttäuscht, dass sie meinte, die seit drei Jahren bestehende Partnerschaft sei zu Ende. Bei dem Gedanken an eine Trennung bekamen beide dann doch Mut, offen miteinander zu sprechen: Über ihre Enttäuschungen und Verletzungen, ihre Bevormundungen, unerfüllten Erwartungen und berechtigte Wünsche, aber auch über erotisches und sexuelles Begehren, über das sie nie gesprochen hatten. So entdeckten sie eine Beziehung, die in kurzer Zeit von kindlichen Vorstellungen und Erwartungen in eine erwachsene Partnerschaft überging.

Sylvia sagte: „Lass uns vergessen, was in unseren gemeinsamen drei Jahren Schlimmes geschehen ist, lass uns nicht mehr darüber sprechen. Es ist vergangen. Wir fangen neu an." Dieses heilsame Vergessen einer vergangenen Kränkung ist eine Tugend in der Paarbeziehung, die Kraft und Disziplin erfordert.

Nach meiner Erfahrung mit vielen Paaren wird ein Seitensprung oft benutzt, um über lange Zeit in stundenlangen Gesprächen das kränkende Ereignis auszubreiten und die Gefühle der Verlassenheit, Wut, Verzweiflung und Angst, die wir aus unserer Kindheit kennen, wiederzuerleben.

Das offene Gespräch

Das offene Gespräch wurde zum Lebenselixier. Offenes Gespräch heißt nicht, dass Liebespartner sich alles, was sie denken und fühlen, mitteilen müssten. Es bedeutet ein Gespräch unter gleichrangigen Partnern, in dem Mann und Frau die jeweils wichtigen Inhalte ihres alltäglichen Lebens austauschen. Dabei gehen sie auch das Risiko ein, dass im Gespräch Unterschiede, die bedeutsam und auch störend sein könnten, deutlich werden und daher Arbeit nötig wird, um immer wieder eine tragfähige Gemeinsamkeit herzustellen.

Der Ausgleich im Schlimmen

Hat Ihr Partner Ihnen, vielleicht ohne es zu wissen, was Böses getan? Haben Sie ihm Böses getan? Sie spüren beide, sobald es nicht stimmt. Wenn Sie Ihren Mann lieben, dürfen und müssen Sie das Ungleichgewicht von Geben und Nehmen im Bösen ausgleichen, indem Sie das Schlimme, das Sie erfahren haben, mit etwas Schlimmen beantworten. Achten Sie darauf, dass das Schlimme, das Sie zurückgeben, etwas weniger ist als das Schlimme, das Sie erfahren haben. Machen Sie es wie der Vater von Alf: die halbe Wiedergutmachung genügte. Wenn Ihr Mann Ihnen durch einen Seitensprung weh getan hat, müssen Sie nicht gleich losgehen und die Nacht mit einem früheren Freund verbringen. Wichtiger ist: Nehmen Sie sich Zeit für Gespräche. Wie steht es mit Ihrer erotischen Beziehung? Sind Sie zufrieden, ist er zufrieden? Ein Seitensprung ist oft der Ausdruck von unausgesprochenen, unerfüllten Wünschen. Eine Frau sagte mir: „Ich brauche das Gespräch, ich will ihm sagen, was ich erlebt habe, wie mir zumute ist, will hören, wie sein Tag war. Ein Gespräch ist für mich wie Streicheln, ich kann dann abschalten und mich ihm und mir selbst nah fühlen."

Ein Ausgleich von Nehmen und Geben im Schlimmen ist nach christlicher Tradition verboten. Mann und Frau sollen sich verzeihen, immer wieder. Eine solche verzeihende Seele sagte zu ihrem Mann, der eine Geliebte hatte: „Du musst dich sexuell ausleben, du Armer!" Welch eine überhebliche und lieblose Einstellung, bei der eine Wiederherstellung der Liebesbeziehung kaum möglich sein wird!

Ein Mann beanspruchte für sich viele sexuelle Beziehungen. Seine Frau tolerierte das eine Weile, weil sie ihn schätzte und liebte. Nach einigen Jahren kam der Versuch eines Ausgleichs, indem sie eine Liebschaft begann. Als ihr Mann das erfuhr, wurde er so handgreiflich böse, dass es zur Trennung kam.

Wenn Sie Ihrer Frau etwas Böses getan haben, sagen Sie nicht: „Ich möchte mich dafür entschuldigen" und tragen allerhand Gründe zusammen, um Ihre Schuld zu verringern: Die Geliebte hat mich verführt, ich hatte Alkohol getrunken usw. Sagen Sie: „Ich habe es getan, ich habe dir weh getan, ich kann es nicht rückgängig machen. Es tut mir leid. Ich möchte, dass es gut weitergeht mit uns, gib mir bitte eine Chance."

Durch den Satz: „Ich entschuldige mich" wird Schuld nicht aus der Welt geschafft. Es gehört zu unserer Würde, dass wir einstehen für das, was wir getan haben, im Guten und im Schlimmen: „Ich habe es getan, ich stehe zu der Schuld und trage die Folgen." Aus dieser Annahme der Schuld und der Folgen entsteht eine Kraft zum Weitermachen, auch bei schwerer Schuld.

Eine Frau, einen Mann finden

Für manche Frauen und Männer ist es von Jugend an leicht und selbstverständlich, eine Freundschaft oder eine Liebesbeziehung herzustellen und aufrecht zu erhalten. Über den Beginn der Liebe bei einem befreundeten Paar bekam ich durch einen Brief von Lisa folgende Schilderung: „Am 19. Februar 1971 lernte ich einen netten jungen Mann namens Georg kennen, und wir verliebten uns ineinander. Nach einer schönen gemeinsamen Nacht fuhr Georg am nächsten Morgen für zwei Stunden weg. Er hatte bei seinen Eltern den Kühlschrank geplündert und zauberte mir ein köstliches Mittagessen. Eine weitere Überraschung erlebte ich am Abend. Als ich meinen Kleiderschrank öffnete, war meine gesamte Garderobe um die Hälfte zur Seite geschoben, und es hing eine vollständige Herrenausstattung vor mir. Meinen Protest erwiderte Georg mit den Worten: Du bist für mich die Richtige, und bei dir möchte ich bleiben.

1999 waren wir 25 Jahre verheiratet. Lisa" [7]

Der erste Kontakt

Eine 40-jährige Frau, Dagmar, der ich diesen Brief von Lisa vorgelesen habe, sagte mir: „So direkt rangehen darf nur ein Mann, wenn ich das tun würde, wäre ich eine Hure."

„Kennst du einen Mann, Dagmar, bei dem du so rangehen würdest, wenn du ein Mann wärst?"

„Ja, ein Kollege, er heißt Philipp."

„Und weiß er von seinem Glück, dass du ihn magst?"

„Nein, um Gottes willen, das kann ich ihm doch nicht sagen, was würde er von mir denken?!"

„Vielleicht freut er sich."

„Nein, das kann ich nicht, meine Mutter hat immer gesagt, eine Frau bietet sich nicht an, das tun nur Huren."

„Du bist mit deinen 40 Jahren das liebe kleine Mädchen deiner Mutter und kannst vielleicht noch 30 Jahre auf den Kollegen warten. Versuch's doch mal ausnahmsweise; das Schlimmste, was passieren kann, ist, dass er deine Zuneigung nicht erwidert. Das wäre auch ein Vorteil. Dann brauchst du nicht mehr auf ihn zu hoffen, sondern kannst dir einen anderen Mann suchen."

„Ich will nur ihn!"

„Dann ran! Dagmar. – Ich sage dir einen Zauberspruch. Schreib auf einen Zettel: ‚Lieber Philipp, ich finde dich sehr sympathisch, ich lade dich für morgen Nachmittag um drei Uhr zu mir, Glockenstraße 17, zum Tee ein', und leg ihm diesen Zettel vor der großen Pause in sein Fach im Lehrerzimmer und guck im Gedränge der Lehrer von ferne heimlich zu, wie er reagiert, wenn er das liest."

Dagmar war mutig. Philipp las den Zettel, errötete, ging zu Dagmar und sagte: „Danke, Dagmar, ich mag dich auch schon lange, ich komme."

In den jüdischen Gemeinden in Europa gab es einen Heiratsvermittler. Er wurde von den Eltern zweier Familien, die vereinbart hatten, den Sohn der einen Familie mit der Tochter der anderen zur Ehe zu führen, beauftragt, die Beziehung zu vermitteln. Der Vermittler ging zu dem jungen Mann und sagte: „David, weißt du eigentlich schon, dass die Rebekka ein Auge auf dich geworfen hat?" Anschließend ging er zu der jungen Frau: „Rebekka, weißt du schon, dass der David nach dir guckt?" Damit hatte er seinen Auftrag ausgeführt. Wo immer die beiden sich von ferne sahen, auf dem Markt oder in der Synagoge, stellten sie fest, es stimmte: David schaute heimlich die Rebekka an und sie den David. So erfüllten sie die bedachte Wahl der Eltern.

Nicht immer geht es so einfach wie in diesen Beispielen.

Unter hundert Männern und Frauen gibt es nach der Erfahrung in meiner psychotherapeutischen Praxis etwa 20, die allein leben, sich eine Partnerschaft wünschen, aber ihr Ziel nicht erreichen. Manche haben einige Beziehungen gehabt, doch nichts Richtiges und Festes. Manche Frauen bevorzugen gebundene Männer und wissen, dass es nicht von Dauer ist. Manche Männer machen es genauso und wählen verheiratete Frauen. Die meisten dieser Singles sind noch gebunden und nicht fähig und bereit für eine neue Liebe. Diese Bindungen können wir auf den verschlungenen Pfaden der Liebe aufspüren.

Zur Erläuterung gebe ich zwei Beispiele:

Hätte ich doch Fritzi heiraten können

Friedrich, 42 Jahre, lebt in einer eigenen Wohnung im Hause der Eltern. Die ältere und die jüngere Schwester sind ausgezogen, haben geheiratet und je zwei Kinder. Friedrich, von seiner Mutter zärtlich ‚mein Fritzi' genannt, hat es gut zu Hause. Die Mutter kocht, putzt und wäscht für ihn, sein Gehalt als Grundschullehrer kann er für sich behalten und legt viel davon auf die hohe Kante.

Friedrich sehnt sich nach einer Frau. Er wünscht sich eine eigene Familie. Drei Liebesbeziehungen waren nach einigen Wochen jeweils plötzlich zu Ende: Die Frauen verließen ihn, obwohl er sich feinfühlig und rücksichtsvoll verhalten und deutlich gesagt hatte, dass er sich eine Familie mit Kindern wünschte. Er weiß nicht, was schief gelaufen ist. Ein Freund meinte, „wenn du bei einer Frau Erfolg haben willst, darfst du nicht sofort von Heiraten und Kinderkriegen reden, sondern musst rangehen und sie packen und als Mann faszinieren". Friedrich meinte, der Freund sei ein bisschen primitiv und denke immer an Sex. „Ja", sagte der Freund, „an Erotik und Sex denke ich oft, und meiner Frau geht es genauso, wir unterhalten uns gerne darüber, das ist spannend und macht geil." Friedrichs Mutter meinte auch, der Freund sei etwas arg direkt, doch sonst ein netter Kumpel. Wenn er Friedrich besucht, ist seine Mutter ganz aufgedreht, bedient ihn von vorne und hinten und hört begeistert seinen Geschichten zu, die meistens mit Sex zu tun haben.

Eines Tages, zu Beginn der Osterferien, kam Friedrich in der Nacht um 1.00 Uhr nach Hause, öffnete leise die Tür zur Wohnung seiner Eltern, schlich auf Strümpfen in die Küche, wo die Mutter ihm abends immer einen Teller mit Butterbroten hinstellte, und sah im Wohnzimmer noch Licht. Er öffnete die angelehnte Tür und sah seine Mutter im Sessel unter der Stehlampe mit einem Buch auf dem Schoß. Sie weinte und seufzte: „Ach hätte ich doch Fritzi heiraten können!"

„Aber Mutter!", platzte es aus Friedrich heraus.

Die Mutter erschrak, ließ das Buch zu Boden fallen: „Komm Friedrich, setz dich zu mir, es geht nicht um dich, es geht um meinen Verlobten Fritz, er kam 1944 in den Krieg und ist im Nahkampf gefallen. Sein Kosename war Fritzi. Ich hatte ihn vergessen. Vor einigen Wochen habe ich seine Briefe und mein Tagebuch aus der Kriegszeit wiedergefunden, da ist alles lebendig geworden."

„Mein Fritzi, mein Fritzi", diese Worte dröhnten in Friedrichs Ohren. Wie vor den Kopf geschlagen wankte er nach draußen in die kühle Frühlingsnacht. „Mein Fritzi", tausendmal hatte seine Mutter diese Worte zu ihm gesagt und verträumt gelächelt und ihren toten Freund gemeint. Er dagegen hatte in der Illusion gelebt, er sei „mein Fritzi" und die Liebe der Mutter gelte ihm. Schon in jungen Jahren fantasierte er, der Geliebte und der bessere Mann für seine

Mutter zu sein. Aus der Traum. Er rannte durch die stillen Straßen, den Berg hoch in den Wald, rannte wie gehetzt, bis er stolperte. Seine Hände krallte er in den weichen Boden: Jetzt sterben, hier im Boden versinken, tot sein wie Fritz. Ein Blitz durchzuckte ihn. Tot sein wie Fritz! Bin ich Fritz? Nach ihm hat sie mich Friedrich genannt. Ohne ihn zu kennen, habe ich sein Schicksal übernommen, habe ihn für meine Mutter am Leben gehalten seit 42 Jahren, habe auf Liebe und Sexualität verzichtet, war für die Frauen, die ich geliebt habe, nicht erreichbar, war an meine Mutter gebunden als der Stellvertreter ihres ersten Mannes, war mit ihr wie verheiratet. Das ist es! Er wurde ruhig. Trotz der kalten Nacht schlief er ein, wachte im Morgengrauen auf, stand auf, rannte sich warm, ging in seine Wohnung, packte seinen Rucksack und schrieb einen Brief:

Liebe Mutter,

in der Nacht nach unserem Gespräch ist mir ein Kronleuchter aufgegangen: Ich habe, ohne es zu wissen, die Stelle deines Verlobten eingenommen, ihn vertreten und war wie er dein Fritzi, 42 Jahre lang. Der Lauf durch die Nacht hat mir gut getan. Ich habe einen neuen Weg begonnen, meinen. Ich fahre ins Allgäu zum Wandern, besuche meinen alten Freund Hannes und seine Familie und mache ein paar Ferientage. In zwei Wochen komme ich zurück, dein Sohn Friedrich.

Wie ist es möglich, dass Friedrich mit dem gefallenen Verlobten der Mutter verbunden ist, ohne jemals von ihm gehört zu haben, dass er diesen unbekannten Mann repräsentiert, gleichsam am Leben erhält? In der Fachsprache heißt es: Friedrich ist mit dem Verlobten der Mutter identifiziert oder er repräsentiert partiell diesen unbekannten Mann. Das bedeutet, Friedrich ist als Stellvertreter des toten Verlobten an seine Mutter gebunden und nicht in der Lage, sich seinen Wunsch nach einer Frau zu erfüllen. Dieser

Sachverhalt wird durch das Familienstellen bestätigt. Bert Hellinger sagte, dass er die Verbundenheit eines Kindes mit einem früheren wichtigen Mann der Mutter oder einer früheren wichtigen Frau des Vaters bei tausenden von Aufstellungen mit größter Regelmäßigkeit beobachtet habe. Er gebraucht in diesem Zusammenhang den starken Ausdruck, dies sei ein ehernes Gesetz. [8]

In der Regel ist es so, dass ein Sohn einen früheren wichtigen Partner der Mutter, eine Tochter eine frühere wichtige Partnerin des Vaters repräsentiert. Welche Folgen das hat, soll auch das nächste Beispiel zeigen.

Nach einem halben Jahr mache ich Schluss

In einem Kurs für das Familienstellen war ein Paar, Hermann und Paula, beide Anfang dreißig. Sie machten einen glücklichen Eindruck. Ich sagte: „Wenn ich euch so liebevoll miteinander sehe, kann ich mir gut vorstellen, dass ihr zusammen bleibt und eine Familie gründet." Hermann strahlte seine Freundin an: „Ja, das will ich!" Doch Paulas Gesicht verfinsterte sich. Barsch und unwillig sagte sie: „Nein, das kommt für mich gar nicht in Frage. Bei mir dauert so etwas höchstens ein halbes Jahr, dann mache ich Schluss, bin eine Zeit lang allein und beginne wieder eine Beziehung. So habe ich es immer gemacht."

„Merkwürdig", dachte ich, „ob sie das Glück nicht ertragen und halten darf? Das gibt es ja oft! Was mag dahinter stecken, wem zuliebe zerstört sie ihr Glück?"

Die Antwort kam am nächsten Tag. Vor der Aufstellung ihrer Herkunftsfamilie berichtete Paula, sie habe vor einer Woche mit ihrem Vater gesprochen und ihm erzählt, dass sie wegen ihrer depressiven Verstimmungen und der immer wieder unglücklich endenden Liebesbeziehungen einen Kurs für das Familienstellen mitmache und dafür Informationen brauche, zum Beispiel, ob er vor der Ehe andere wichtige Beziehungen gehabt habe. Der Vater reagierte unwillig und sagte: „Das geht dich nichts an." Doch als Paula ihn inständig um seine Hilfe bat, sagte er: „Ja, da war eine Frau, Mathilde. Wir haben uns geliebt und waren verlobt und hatten einen Termin für die Hochzeit vereinbart und dies den Verwandten mitgeteilt. Mathilde war glücklich und erzählte ihren Freundinnen schöne Dinge von mir und wollte vier Kinder mit mir haben. Dann kam alles anders. Ich fuhr zum Klassentreffen in meine Heimat, wir haben gefeiert und getanzt, ich fast nur mit Anneliese, meiner kleinen Freundin, als wir vierzehn waren. Wir wohnten im selben Hotel, wir haben uns geliebt, Anneliese wurde schwanger und du, Paula, warst unterwegs. Als ich das wusste, habe ich Mathilde gesagt, dass ich zu Anneliese und unserem Kind stehe und gehöre. Es war eine Katastrophe, eine Schande für Mathilde, klar, das kann jeder verstehen. Sie hat sich in die Arbeit auf ihrem Hof gestürzt. Es hat zwei Jahre gedauert, bis sie wieder unter die Leute gegangen ist. Sie hat nie wieder einen Mann gehabt."

Mein Vater stand auf, holte ein Fotoalbum und zeigte mir Bilder von Mathilde: „So sah sie aus, wir haben uns geliebt, nur ein halbes Jahr lang. Ich konnte mich nur von ihr trennen, weil deine Mutter mit dir schwanger war, du bist das Kind unserer Liebe."

Dazu: Die Familienaufstellung

Als Paula ihre Familie aufstellte, wählte sie Stellvertreter für die Eltern, für sich und ihre beiden Brüder. Der Therapeut sagte: „Wähl noch eine Stellvertreterin für die Verlobte deines Vaters."

Die Stellvertreter/innen standen zuerst in einer Reihe nebeneinander.

V.d.V.	=	Verlobte des Vaters, Mathilde
V	=	Vater
M	=	Mutter
1.	=	erstes Kind, Paula
2.	=	zweites Kind, erster Bruder von Paula
3.	=	drittes Kind, zweiter Bruder von Paula

Paula stellte sich ruhig und gesammelt hinter die Stellvertreterin der Mutter, legte ihre Hände auf deren Schultern und führte sie durch den Raum, bis sie an dem Platz stand, der dem inneren Bild von Paula für den Platz der Mutter entsprach. In gleicher Weise führte sie alle Personen auf ihre Plätze, und es entstand das erste Bild:

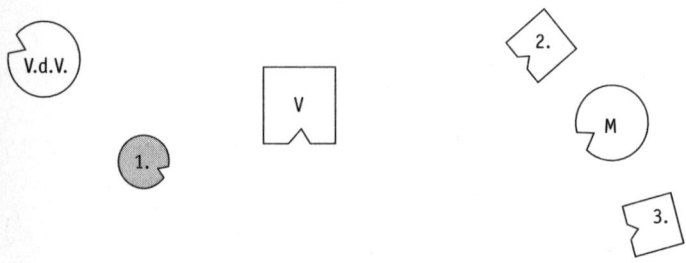

Die Stellvertreter/innen berichteten:

Vater:	An meiner rechten Seite und im Rücken ist mir heiß. Meine Frau sehe ich nicht richtig, zu meinen Söhnen habe ich keine gute Beziehung, die sind mehr Rivalen als Kinder.
Mutter:	Komisch, ich habe Bodyguards durch meine Söhne und keinen Kontakt zu den drei anderen.

40

Paula:	Ein heißer Platz. Ich komme mir vor, als wäre ich die Frau meines Vaters. Im Rücken ist mir auch heiß, ich will die Frau hinter mir sehen.
Die beiden Brüder:	Wir beschützen die Mutter. Wir sind wütend auf Paula, sie gehört da nicht hin, sie soll zu uns kommen.
Mathilde:	Ich fühle mich abgeschoben, traurig und wütend.

Der Therapeut stellte die Stellvertreter der Familie in mehreren Schritten um, bis das Lösungsbild, in dem alle Aufgestellten sich am richtigen Platz fühlten, zustande gekommen war.

Lösungsbild:

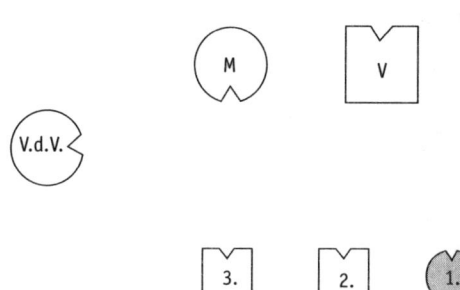

Vater:	Jetzt habe ich Frau und Kinder.
Mutter:	Ja, ich bin die Frau und Mutter. Zur Verlobten meines Mannes habe ich ein freundliches Gefühl. Ich möchte ihr sagen: „Sei mir nicht böse, ich habe drei Kinder."
Mathilde:	Ich gehöre jetzt dazu, das ist mir wichtig. Die stärkste Beziehung habe ich zu

Paula. Meinem früheren Verlobten kann ich sein Glück als Mann und Vater nicht gönnen. Ich wünsche ihm das Leid, das ich durch ihn erlitten habe. Er ist mir noch was schuldig.

Der Therapeut sagt dem Stellvertreter des Vaters: Stell dich vor Mathilde und sage ihr: „Mathilde, du bist meine erste geliebte Frau. Ich habe dir sehr weh getan. Ich danke dir für die Liebe, die du mir geschenkt hast. Deine Liebe zu mir und meine kurze Liebe zu dir sind ein Schatz, den ich achte. Bitte sei freundlich zu mir und meiner Familie, besonders zu Paula."

Der Therapeut bittet Paula, ihren Platz in der Aufstellung einzunehmen, sich vor Mathilde zu stellen und zu sagen: „Mathilde, du gehörst als die Verlobte meines Vaters zu unserer Familie. Ich bin dir nah und habe deinen Platz an Papas Seite eingenommen und wie du gelitten, indem ich meine Liebesbeziehungen nach einem halben Jahr beendet habe und danach monatelang allein und unglücklich war. Bitte gib mich frei."

Mathilde antwortet: Paula, du hast damit nichts zu tun und kannst mein Leid nicht tragen. Ich will das nicht. Es ist mein Schicksal. Von mir aus bist du frei.

Das Verhalten von Friedrich und Paula können wir mit unserem bisherigen Wissen nicht verstehen. In meiner viele Jahre zurückliegenden psychoanalytischen Ausbildung und Lehranalyse wurde nach früheren wichtigen Partnern nicht gefragt, sie zählten nicht, sie gehörten nicht zur Familie.

Das Recht auf Zugehörigkeit

Bert Hellinger hat unser Wissen entscheidend erweitert und uns eine neue Dimension der Sicht der Zusammengehörigkeit der Menschen in einer Familie gegeben. Das oberste Gesetz in einer Familie ist das gleiche Recht aller Personen auf Zugehörigkeit. Dieses Recht haben

– die Eltern und ihre Kinder, auch früh gestorbene und tot geborene Kinder und Kinder, die durch eine Fehlgeburt oder eine Abtreibung gestorben sind. Fehlgeburten und Abtreibungen in den ersten Schwangerschaftswochen sind manchmal nur wichtig für die Eltern, nicht für ihre lebenden Kinder;
– frühere wichtige Partner der Mutter und Partnerinnen des Vaters und Kinder aus diesen Beziehungen;
– Geschwister und Halbgeschwister der Eltern, auch die früh gestorbenen und tot geborenen;
– die Großeltern und deren wichtige frühere Partner und die Geschwister der Großeltern.

In vielen Fällen genügen die Personen aus drei Generationen für die therapeutische Arbeit mit dem Familienstellen. In manchen Fällen ist es nötig, die Generation der Urgroßeltern einzubeziehen, und zwar dann, wenn es bei den Urgroßeltern und ihren Kindern und Geschwistern besonders schwere Schicksale gab: zum Beispiel der Tod einer Urgroßmutter bei der Geburt ihres Kindes, ein in früheren Generationen viel häufigeres Schicksal als bei den heutigen

Möglichkeiten von Empfängnisverhütung und Geburtshilfe.

Andere besonders schwere Schicksale, die über weit mehr Generationen wirksam sein können, sind schwere Verbrechen: zum Beispiel Opfer und Täter bei Mord oder der leichtfertige Verlust der ökonomischen Lebensgrundlagen einer Familie, zum Beispiel eines Bauernhofes und des Vermögens durch einen Vorfahren.

Immer dann, wenn einem, der zur Familie gehört, das Recht auf Zugehörigkeit verweigert wird, übernimmt ein anderer in der Familie im Sinne einer partiellen Identifikation oder Repräsentation das Schicksal oder wesentliche Teile des Schicksals der ausgeschlossenen Person.

Die Rolle des Gewissens

Für die Regulierung dieser Vorgänge in einer Familie über mehrere Generationen hat Bert Hellinger bahnbrechende Erkenntnisse zur Erweiterung unserer Vorstellungen vom Gewissen entwickelt.

Im Religionsunterricht hatte ich gelernt, das Gewissen sei etwas von Gott Gegebenes, das mir sagt, wenn ich etwas Böses getan habe.

Dieses Gewissen, das wir seit der Kindheit kennen, brauchen wir nicht mit einer göttlichen Instanz in Verbindung zu bringen. Es richtet sich nach den Regeln und Grundsätzen in der Familie oder Gemeinschaft, zu der ein Mensch gehört, und regelt das Zusammenleben und die Zugehörigkeit zur jeweiligen Familie oder Gruppe.

Als ich von 1958 bis 1964 als Arzt und Psychotherapeut in einem Gefängniskrankenhaus arbeitete, machte ich die überraschende Beobachtung, dass es Straftäter gab, die mit gutem Gewissen Böses getan hatten. Ein Mann in meiner Therapiegruppe, ich nenne ihn Ole, hatte mit seinen beiden Brüdern viele Diebstähle und Einbrüche gemacht, war mehrmals verurteilt worden und musste eine dreijährige Gefängnisstrafe absitzen. Merkwürdigerweise hatte er kein schlechtes Gewissen, kein Schuldgefühl; er fühlte sich gut und unschuldig. Ich konnte das erst verstehen, als er mir erzählte, dass er durch Diebstähle und Einbrüche in den Not- und Hungerjahren von 1945 bis 1948 für das Überleben seiner Eltern und jüngeren Geschwister gesorgt hatte und dass immer dann, wenn er von seinen Beutezügen mit Holz und Kohlen, Lebensmitteln, Zigaretten und Kleidung zurückkam, seine sonst verhärmten und harten Eltern glücklich und freundlich waren und tagelang Wohlleben und Friede das Haus erfüllten. So wurde er zu einem Meisterdieb mit gutem Gewissen und verstand die Welt nicht mehr, als er wegen der Diebstähle zu drei Jahren Haft verurteilt wurde.

In der Therapiegruppe im Gefängnis galten andere Normen für Gut und Böse. Die Männer der Gruppe halfen sich und teilten redlich miteinander, was sie Besonderes hatten, zum Beispiel den kostbaren Tabak. Als Ole eines Tages von einem Mitglied der Gruppe ein Päckchen Tabak gestohlen wurde, war er erschüttert und verzweifelt, und der starke Mann weinte bitterlich.

Erst durch die Erkenntnisse von Bert Hellinger können wir diese Vorgänge im Zusammenhang sehen und verstehen: „Überall, wo es Bindungen gibt, gibt es automatisch eine spontane Wahrnehmung: Was gilt hier, damit ich dazugehören darf, und was muss ich tun und lassen, damit ich meine Zugehörigkeit nicht verliere. Das Wahrnehmungsorgan für diese Art der Wahrnehmung ist das Gewissen. Daher hat einer, der mehreren Gruppen angehört, auch verschiedene Gewissen.

Man kann auch sagen, das gleiche Gewissen reagiert in unterschiedlichen Gruppen verschieden. Das fängt schon an bei Vater und Mutter. Ich weiß genau, was ich tun muss, damit ich meinem Vater gefalle, und was ich anders tun muss, um meiner Mutter zu gefallen. Bei beiden gelten unterschiedliche Maßstäbe. Aber es geht immer um das eine: Darf ich dazugehören oder nicht." Dieses Gewissen nenne ich das Bindungsgewissen... Ein gutes Gewissen haben heißt: „Ich bin mir sicher, dass ich dazugehören darf." Das Streben nach Zugehörigkeit, nach dieser Art von Unschuld, ist der Hauptmotor unseres Handelns auf einer ganz tiefen menschlichen Ebene. Da ist nichts Übergeordnetes oder Göttliches darin. Die Gruppe entscheidet, was für mich gut, gewissenhaft oder schlimm ist." [9]

Ein weiterer Aspekt des Gewissens von allergrößter Bedeutung für unser Leben, für Glück und Unglück, oft sogar für Krankheit und Tod, ist das gleiche Recht auf Zugehörigkeit. Bert Hellinger schreibt: „Das Wichtigste, das ich gefunden habe über das, was trennt und was verbindet, war, dass in Familien und Sippen jedes Mitglied – ob noch am Leben oder schon tot – das gleiche Recht auf Zugehörigkeit hat . . . Wenn also ein Mitglied der Familie und Sippe ausgeschlossen, verdrängt oder vergessen wird, dann reagiert die Familie und Sippe, als sei ein schweres Unrecht geschehen, das gesühnt werden muss. Dies geschieht zum Beispiel, wenn jemand aus moralischen Gründen der Zugehörigkeit zur Familie für unwürdig erklärt wird oder wenn jemand den Platz eines Familienmitglieds einnimmt, als könne er dieses verdrängen, oder wenn man von einem aus der Familie und Sippe nichts mehr wissen will, weil sein Schicksal Angst macht, oder auch wenn er nur vergessen wird, zum Beispiel ein Kind, das schon bei der Geburt starb. Die Seele duldet nicht, dass einer als größer angesehen wird oder kleiner oder als besser oder schlechter. Nur Mörder dürfen und müssen ausgeschlossen werden. Das Unrecht des Ausschlusses wird in der Familie und Sippe gesühnt, indem ein anderes Mitglied, oft ohne dass es das selbst merkt, den Ausgeschlossenen oder Vergessenen gegenüber den Verbliebenen oder den Dazugekommenen vertritt. Das ist der wichtigste Grund für eine Verstrickung und für die Probleme, die sich daraus sowohl für den Verstrickten als auch für seine Familie und Sippe ergeben. Das Grundrecht auf Zugehörigkeit ist also nicht eine Forderung, die von außen erhoben wird, sondern wir verhalten uns in der Tiefe unserer Seele so, als sei es uns vorgegeben, was immer wir oberflächlich auch meinen oder rechtfertigend tun.

In den Familien herrscht also *das Gesetz der Ebenbürtigkeit aller*. Jeder ist, wenn man so will, auf seine Weise in den Dienst genommen, und keiner ist entbehrlich oder darf vergessen werden . . . Als Therapeut bringe ich die Ausgeschlossenen wieder vor den Blick und ins Spiel, und wenn sie wieder anerkannt und aufgenommen sind, herrscht Friede, und die Verstrickten sind wieder frei. In dieser gegenseitigen Anerkennung der Ebenbürtigkeit finden sich mit Liebe wieder, die zuvor vielleicht getrennt waren: Mann und Frau, Kinder und Eltern, Gesunde und Kranke, die Gekommenen und die Gegangenen, Lebende und Tote. Ich stehe als Therapeut zutiefst im Dienst der Versöhnung." [10]

Nach diesen Erläuterungen können wir die Geschichten von Friedrich und Paula in einem neuen Licht sehen und verstehen.

Fritz, der gefallene Verlobte der Mutter von Friedrich, hatte in der Familie keinen Platz. Über ihn wurde nicht gesprochen, er gehörte nicht dazu. Die Vorenthaltung des Rechtes auf Zugehörigkeit hatte zur Folge, dass der Sohn auf eine ihm völlig unbewusste Weise das Schicksal des Verlobten partiell übernahm, indem er wie der Verlobte an die Mutter gebunden war und auf die Erfüllung seines Wunsches nach einer dauerhaften Liebesbeziehung und Gründung einer Familie verzichten musste.

Paulas Beispiel beschreibt das therapeutische Vorgehen beim Familienstellen. Die Lösung ist, dass die Verlobte des Vaters, der das Recht auf Zugehörigkeit verweigert wurde, ihren Platz in der Familie bekommt und damit die schlimmen Folgen für Paula überflüssig werden. Das zeigt sich in vielen Fällen sofort oder im Laufe der Zeit dadurch, dass die durch Verstrickung leidvoll gebundene Person frei und in der Lage ist, eine dauerhafte Beziehung und Bindung herzustellen.

In den Büchern über das Familienstellen wird immer wieder über erstaunliche zauberhafte Wirkungen bei den Klienten berichtet. Ein Mann, Erwin, depressiv und suizidal, stellte seine Herkunftsfamilie mit dem gefallenen Vater auf und war nach der Aufstellung von seiner Depression geheilt. Wie ist das möglich? Die Beschreibung des Geschehens kann die Dichte und Gefühlsintensität des Erlebens bei einer Aufstellung nur andeutungsweise wiedergeben.

Der Vater von Erwin war vor der Geburt seines Sohnes 1945 gefallen. Seine Mutter sprach selten über ihren Mann und wenn, dann nur in bedrohlicher Art: Wenn dein Vater noch lebte, hättest du nichts zu lachen, der würde dir den Hosenboden strammziehen.

Erwin bekam ein schlechtes Bild von seinem Vater und lehnte ihn ab. Die ursprüngliche Liebe des Kindes war verschüttet und zeigte sich in der depressiven und suizidalen Symptomatik als Erwins Sehnsucht nach dem toten Vater. Bei der Familienaufstellung wählte Erwin Stellvertreter für sich und seine Eltern und stellte sie auf. Die Stellvertreter erlebten sofort in großer Gefühlsintensität das, was bei Erwin und seiner Mutter über Jahrzehnte verdrängt und verschüttet war: Trauer und Liebe.

Die Aufstellung schafft eine Wirklichkeit, die in dieser Form nie dagewesen ist. Der Stellvertreter des gefallenen Vaters umarmte seinen Sohn liebevoll und hielt ihn lange. Der Sohn erlebte zum ersten Mal in seinem Leben mit Hilfe des Stellvertreters eine körperliche Nähe zu seinem Vater. Diese Erlebnisse werden vollständig echt erlebt, es sind heilende, dauerhaft wirkende Erfahrungen. Erwin sagte später: „Seit der Aufstellung bin ich nicht mehr vaterlos, ich habe meinen Vater und liebe ihn."

Die aufgestellten Stellvertreter der Familie wissen und fühlen, wie es in der Familie in wesentlichen Beziehungen war. Die Veränderung der Aufstellung von der Problemsituation zur Lösung, in der alle zur Familie Gehörenden ihren guten Platz haben, ist die Herstellung einer heilenden Familienwirklichkeit, die in vielen Fällen sofort wirkt. Doch manchmal braucht die Seele eine gewisse Zeit, sich neu zu orientieren.

Die insgesamt 25 bis 30 Frauen und Männer in meinen fünf Tage dauernden Kursen werden für viele Aufstellungen in verschiedenen Rollen ausgewählt. Ich selbst erlebte mich in zahlreichen Kursen von Bert Hellinger als Stellvertreter

- als starker Mann und Vater,
- als ausgestoßener erster Mann der Familienmutter. Ich durfte nicht dazugehören und nicht der Vater des ersten unehelichen Kindes der Mutter der Familie sein, meinen Sohn, der nicht meinen Namen trug, nicht bei mir haben. Ich war wütend auf meine doch geliebte Frau. Ihrem zweiten Mann, der mich freundlich anschaute, fühlte ich mich verbunden und lächelte ihm zu. Mein Sohn löste sich aus der Reihe seiner Halbgeschwister, kam zu mir, stellte sich links neben mich, ich legte meinen linken Arm um seine Schultern, Vaterfreude und -stolz erfüllten mich, wir gehören zusammen. Das Gesicht seiner Mutter war durch die Spur eines Lächelns und einen feuchten Schimmer in den Augen verklärt. Wir wussten, jetzt ist es gut so.
- Ich stand in einer Familie hinter meinem Sohn und fühlte mich wie ein Zwerg und schwach und wagte nicht, mein Erleben zu sagen, weil ich doch eine Stütze für meinen schwachen Sohn und seine Familie sein sollte. Die Frau, die mich als ihren Großvater aufgestellt hatte, sagte später: „Der Opa war klein und zittrig schwach", und ich hatte es genauso erlebt.
- Ich war ein ermordeter jüdischer Junge und stand in einer Reihe mit jüdischen Kindern und schaute auf die Familie des Täters, seine Tochter und Enkel, und sie waren mir gleichgültig und ich wollte ihnen sagen: Ihr habt nichts damit zu tun, ihr sollt nicht wegen uns in Leid und Sühne versinken. Selbst der Mörder, der weiter weg stand, war mir gleichgültig, er konnte da stehen oder lie-

gen oder weggehen, für mich hatte er keine Bedeutung, ich war in einem anderen Bereich, in dem Leben, Tod, böse Tat, Rache und Sühne nicht bestehen.

- Ich war ein kleiner früh gestorbener Junge und verstand nicht so recht die Trauer meiner Mutter und wollte ihr sagen: Mir geht es gut, Mama, ich liebe dich, es ist nicht schlimm, dass ich tot bin.

- Als Ehemann war ich äußerst wütend auf meine Frau. Ich konnte nicht neben ihr stehen, brauchte Abstand. Wie böse schaute sie mich an, und ich hatte keine Ahnung, was ich ihr getan hatte. Ich hätte sie schlagen mögen. Der Blick auf unsere Kinder war ein Trost. „Vielleicht war es doch nicht so schlimm mit uns, Edda", wollte ich meiner böse blickenden Frau sagen. Wir sind doch die Eltern; zwei Söhne und zwei Töchter, das ist doch was! Auf einmal hellte sich ihr Gesicht auf, als ihre Groß- mutter, die bei der Geburt ihres siebten Kindes gestorben war, neben ihr stand, ja, sie strahlte mich an, und wir konnten nebeneinander stehen als Paar und Eltern.

- Ich stand meinem Bruder gegenüber. Wir hatten in der Kneipe gestritten, gekämpft, er hatte mich erstochen. Komisch, ich war ihm nicht böse, ich wollte ihm sagen: Lieber Bruder, so ist es, es hätte auch dich treffen kön- nen.

- Ich war ein Nazi-Täter und stand mit einem Kameraden unseren ermordeten Opfern, Männern und Frauen, gegen- über und fühlte mich hart und kalt; dachte, ich müsste doch Mitgefühl haben und traurig und reuig sein und fühlte mich hart und kalt wie ein Stein.

- Als Vater stand ich meiner vorwurfsvollen Tochter gegenüber. Ich hatte viele Fehler gemacht und dachte: Kind, du hast ja Recht, doch entscheidend ist, dass ich das Tor zu deinem Leben bin; es kommt von weit her und ist durch mich wie durch ein altes hohes Tor zu dir gekommen.

So erleben die aufgestellten Männer und Frauen in vielen Rollen die Fülle des Lebens. Eine junge Frau erlebt sich als Geliebte, Mutter, Großmutter, Tante, Schwester und kleines Kind, nimmt die Erfahrungen und Gefühle dieser Lebensphasen mit in ihr Leben und versteht sich und ihre Welt besser, kann die abgelehnte Mutter mit anderen Augen anschauen und besucht sie und fühlt sich solidarisch mit ihr und sagt im Stillen wie in der Gruppe zu ihr: Wir Frauen!

So ist ein Kurs für das Familienstellen eine großartige Schule des Lebens, und wir gehen besinnlicher, einfühlsamer und kraftvoller nach Hause zu unserer Familie und an die Arbeit.

Wenn Sie sich in den Beispielen von Friedrich und Paula wiedererkennen, sollten Sie zunächst Informationen einholen, um zu erfahren, ob es auch bei Ihren Eltern frühere wichtige Partner gab, die keinen guten Platz in der Familie haben, die nicht dazugehören. Wenn es eine frühere wichtige Frau Ihres Vaters oder einen früheren wichtigen Mann Ihrer Mutter gegeben hat, können Sie versuchen, durch Ihre Eltern oder andere Personen einiges über diese Menschen zu erfahren. Vielleicht gibt es ein Foto oder andere Andenken. Vielleicht leben diese früheren Partner Ihrer Eltern noch. Sie haben die Möglichkeit, die Person, mit der Sie seit langem unbewusst verbunden sind, kennen zu lernen, sei es durch einen Besuch, sei es durch die Erzählung der Eltern oder ein Foto. Es genügt, dass durch das Kennenlernen in irgendeiner Form aus dem unbewusst verinnerlichten Objekt eine Person in der Welt wird. Zu dieser Person können Sie die heilenden Sätze sagen, zum Beispiel: Liebe frühere Frau meines Vaters. Du gehörst zu uns. Ich achte dich als die erste Frau meines Vaters. Ich war dir seit langem, ohne es zu wissen, verbunden. Gib mich frei, damit ich mein eigenes Leben in Fülle leben kann.

Wenn Sie Vater oder Mutter sind und andere wichtige frühere Partner gehabt haben, genügt es, wenn Sie Ihrem Sohn oder Ihrer Tochter sagen: „Ich hatte vor der Ehe eine Frau, und wir haben uns geliebt. Nach einiger Zeit ist unsere Beziehung auseinander gegangen, und ich habe dann deine Mutter kennen gelernt und geheiratet."

Sie können ein Foto zeigen. Das genügt, um einem früheren wichtigen Partner einen Platz in der Familie zu geben. Weitere Informationen für Ihre Kinder sind nicht nötig, vor allem keine Einzelheiten über die intime Beziehung oder über die Konflikte, die zur Trennung geführt haben. Das geht die Kinder nichts an.

Schicksale aus früheren Generationen

Wir Menschen knüpfen mit unseren Verhaltensweisen, unserem Denken und Fühlen an das an, was vor uns war und was wir früh erleben. Wenn wir das Glück haben, mit Großeltern und Eltern aufzuwachsen, knüpfen wir bei ihnen an und entwickeln uns nach ihren Vorbildern.

Das kleine Kind sitzt in seinem Stühlchen und beobachtet das Leben und Treiben der Erwachsenen, nimmt vieles unbewusst und mit erwachendem Bewusstsein auf und bildet sich sein Programm, das in mancher Hinsicht fürs ganze Leben leitend und entscheidend bleibt.

So fangen wir mit Bewährtem an und führen Bewährtes weiter, auch wenn das Bewährte unserer Großeltern und Eltern nicht ein Leben in Fülle und Freude war. Es genügt, dass es bewährt und dem Leben und Überleben nützlich war.

Ein Klient berichtete: „Bei meinen Eltern habe ich nie ein Gespräch miterlebt, nur knappe Mitteilungen. Also war es für mich klar, dass ein Mann und eine Frau wenig miteinander sprechen, nur das Allernotwendigste. Zu meinem Glück geriet ich an Frauen, die aus anderen Familienkulturen kamen, in denen gesprochen wurde. So machte ich einige Fegefeuer durch, in denen ich sprechen lernte."

Das nahe Zusammenleben eines Paares macht es unvermeidlich, anzustoßen, anzuecken, sich dabei weh zu tun und dadurch die eigenen, seit Generationen bewährten Verhaltensweisen, Denk- und Fühlmuster in Frage zu stellen und in vielen Kleinigkeiten neue passendere Verhaltensweisen zu entwickeln und auszuprobieren.

Zu dieser Thematik wird in diesem Kapitel berichtet, wobei es mir darum geht, anhand von Beispielen die Erfahrungen mit dem Familienstellen für die Spielregeln der Partnerschaft nutzbar zu machen.

Heinrich und Klara

Friedlich der Abend. Sie saßen beim Abendbrot, es schmeckte, und sie erzählten sich lange vom Tage. Hein guckte auf die Uhr: „Zehn Uhr, bin müde, Klärchen, komm mit ins Bett!"

Sie guckte zur Decke: „Schon wieder ein Befehl?!" Und schon ging es los wie so oft: Wort ergab Wort, wütende Blicke, alte böse Gedanken wurden auf den Tisch geknallt, sie lagen sich in den Haaren statt in den Armen.

Er rennt zur Haustür: „Ich gehe in die Kneipe!" Klopfen an der Tür. Er prallt zurück. Sie trocknet die Tränen, glättet das Haar, öffnet die Tür.

„Hallo, dürfen wir reinkommen?"

„Ja gerne, ihr kommt wie gerufen. Wir hatten gerade Zoff, kommt, wir machen's uns gemütlich. – Hein, Liebchen, hol bitte was zu trinken." – „Ja, mach ich, Schatz. Und mach uns noch paar Brote, Schätzchen!" – „Ja klar, Liebchen, bin schon dabei."

Der Abend ist gerettet, Lisa und Os sind gute Freunde. Sobald sie im Haus erscheinen, sind Hein und Klara wie verwandelt: Freundlich, lustig und einander liebevoll zugewandt.

Lisa sagt: „Vorhin, auf dem Weg zu euch, habe ich zu Os gesagt: Manchmal ist es gut, wenn man so streiten kann wie Hein und Klara."

„Ja, das gibt es auch bei uns, ein reinigendes Gewitter. Doch meistens ist es giftig und ätzend und bringt uns total auseinander, und wir brauchen Tage, um wieder zueinander gut zu sein", sagt Klara.

„Seit wann macht ihr das so?"

Hein und Klara schauen sich an. Hein: „Ich glaube, Klärchen, von Anfang an, oder?" –

„Ja, von Anfang an. Ich habe schon gedacht, wir sind verzaubert und dürfen nicht oft so glücklich sein, wie wir manchmal sind."

„Ja, Klärchen, verzaubert, als wenn Gift in mir wäre, und dabei habe ich dich doch lieb."

Klara kommen die Tränen, sie steht auf und umarmt ihren Heinrich. – „Ich hab auch Gift in mir, Hein, ich weiß nicht woher."

„Wie war das denn bei deinen Eltern, Hein?", fragt Lisa.

„Die Hölle, Lisa, dagegen leben wir beide fast wie im Paradies. Die haben sich permanent gefetzt. Wenn mein Vater eine Zeitung auf dem Boden liegen ließ, gings schon los. Wenn meine Mutter die Stirn krauste, fing mein Vater an zu zoffen, ich habe die beiden nie friedlich und zärtlich erlebt. Schon als Kind habe ich gedacht, die sollten sich lieber scheiden lassen. Und doch leben sie seit 40 Jahren zusammen."

„Vielleicht brauchen die das, Hein", sagt Lisa.

„Ja und vielleicht brauchen wir das auch, Lisa."

„Da könnte was dran sein, Hein", sagt Lisa; „wenn du dich mit Klara streitest, bist du ein guter Junge im Sinne deiner Eltern, bei denen du eine glückliche Beziehung nicht oft erlebt hast. Wenn du streitest und leidest, bist du o.k. und normal, wenn du mit Klara über längere Zeit glücklich bist, stimmt was nicht."

„Mensch, verdammt, Lisa, da könnte was dran sein. Ich mit meinen 40 Jahren ein lieber Junge!"

„Und ich mit meinen 35 Jahren ein liebes Mädchen", sagt Klara. „Bei meinen Eltern war es genauso schlimm, wenn auch nicht so laut wie bei euch, Hein, mehr stiller Streit, wochenlanges, stummes, dumpfes Brodeln, unerträglich für uns Kinder. Wenn es dann krachte, war es eine Erlösung. Nur im Bett haben sie sich vertragen."

„Woher weißt du das, Klara?"

„Das haben wir gehört. Unser Kinderschlafzimmer war neben dem der Eltern, wir haben Lachen und Turteln gehört. Als Kind habe ich gedacht, nur im Bett ist es lustig mit einem Mann."

„Ja, ja, doch keine Befehle im Kasernenton." Die beiden lachen. „Nur noch Turteln, Liebchen!"

Wie können wir diese Szene bei Heinrich und Klara, einem ganz normalen Paar, verstehen? Unser Verhalten richtet sich in vielem nach dem der Eltern und anderer wichtiger Personen unserer Kindheit. Wenn Heinrich und Klara streiten, sind sie o. k. im Sinne ihrer Kindheitserfahrungen und des Vorbildes der Eltern. Wenn sie glücklich sind, können sie es nur zwei Wochen lang aushalten und regen sich auf über Kleinigkeiten, streiten und sind wieder gute Kinder.

In einem Beratungsgespräch sagte ich den beiden: „Sagt euren Eltern: ‚Lieber Papa, liebe Mama, ich mache es wie ihr, ich streite wie ihr, ich bin unglücklich wie ihr, ich bin euer Kind, beim Streiten und im Leiden bin ich euch nah, in Liebe.'"

Klara möchte verstehen, warum ihre Eltern sich das Leben so schwer gemacht haben. Ich stellte die Frage: „Was gab es in den Herkunftsfamilien deiner Eltern, Klara?" Klara schilderte ihre Großeltern als freundlich, still und kummervoll. In der Familie gab es mehrere früh Verstorbene.

„Wieso kummervoll, Klara?"

Klara: Die beiden älteren Brüder meines Vaters sind gefallen, seine jüngste Schwester ist bei einem Bombenangriff gestorben. Er ist der einzige von den vier Geschwistern, der am Leben geblieben ist. Er kam aus dem Keller heraus, in dem seine Schwester von einer Mauer erdrückt worden ist. Oft hat er gesagt: „Ich hätte nicht rausrennen dürfen, vielleicht hätte ich sie retten können." Dabei ist er erst rausgerannt, als sie tot unter der Mauer lag. Was bei meiner Mutter war, weiß ich nicht. Als ich sie einmal gefragt habe, hat sie geweint. Ich weiß nur, dass die Familie seit Generationen in Oberschlesien gelebt und durch den Krieg den Bauernhof verloren hat."

Heinrich berichtete, dass seine Großmutter mütterlicherseits bei der Geburt ihres jüngsten Kindes, eines Jungen, mit dem Kind gestorben ist. „Das Kind ist mein Onkel. Er hat keinen Namen, ist nicht getauft worden und hat keine Inschrift auf dem Grabstein meiner Großmutter, er kam mit ihr in den Sarg und ins Grab. – Ein Bruder meines Vaters, Onkel Heinrich, nach dem ich genannt worden bin, kam blind und mit schweren Kopfverletzungen aus dem Krieg zurück. Er hatte schlimme Kopfschmerzen und epileptische Anfälle, schrie und tobte manchmal wie ein Irrer und ist fünf Jahre später an den Folgen der Kriegsverletzungen gestorben."

In den Herkunftsfamilien von Klara und Heinrich gab es viele schwere Schicksale. Der Tod von Heinrichs Großmutter mütterlicherseits mit dem Sohn hat eine starke leidprägende Bedeutung für die folgenden Generationen, wenn diese Großmutter mit ihrem Kind nicht in besonderer Weise gewürdigt und geehrt wird.

In gleicher Weise verdient der Onkel Heinrich ein liebevolles Gedenken. Die drei gehören zu Heinrichs Familie und zu Klara.

Bei Klara haben die drei toten Geschwister des Vaters, dem einzigen Überlebenden, eine leidbestimmende Bedeutung, besonders seine Schwester, an deren Tod er sich schuldig fühlt. Der einzige Überlebende wagt nicht, sein Leben in Fülle und Freude zu leben. Er leidet viel und ist dadurch den Toten verbunden, in Liebe.

Heinrich wandte ein: „Was soll das, das bringt den Toten doch nichts, dadurch werden sie nicht wieder lebendig!"

„Genau, Heinrich, das bringt keinem was, nicht denen, die es schwer hatten und früh gestorben sind, nicht uns, den Lebenden."

„Und, was nun? Wie können wir das ändern, dass wir uns wegen Bagatellen das Leben zur Hölle machen?"

– „Wichtig ist zunächst, dass ihr den Wert eurer Leiden als Ausdruck der Zugehörigkeit zu euren Herkunftsfamilien erkennt."

Lisa und Oskar

Beim nächsten Beratungsgespräch sagte Klara: „Das vorige Gespräch hat uns gut getan. Wir dachten an den Anfang unserer Liebe vor 15 Jahren und waren glücklich miteinander. Ob es Paare gibt, die öfter glücklich sind als wir?" Diese Frage stellte Klara den Freunden Lisa und Oskar beim nächsten Besuch. Lisa antwortete: „Wir haben auch schlimme Zeiten hinter uns. Das Schlimmste war, wir konnten nicht miteinander sprechen, konnten unsere Wünsche nicht sagen. Ich war ein liebes Kind meiner Eltern, bei denen ich nie ein längeres Gespräch erlebt habe. Oft habe ich gedacht, sie wären stumm. Oskar, du hast mir geholfen, du konntest ja schon immer reden wie ein Buch und hast nicht locker gelassen, wenn ich stumm war wie meine Mutter."

„Schon immer konnte ich auch nicht reden, Lisa. Bei meinen Eltern gab es vernünftige Gespräche, über den Beruf oder ein Buch, auch über politische Themen. Doch nicht über gefühlsbetonte Beziehungssachen, besonders dann nicht, wenn kritische Gedanken oder erotische und sexuelle Wünsche dabei waren. Da war ich genau so stumm wie du, Lisa, das habe ich erst in unserer Liebe gelernt."

„Ja, Oskar, ich habe oft gedacht, du hättest mich gar nicht lieb gehabt, weil ich nie wusste, ob du mit mir schmusen wolltest. Da waren wir beide stumm. Wir waren ja auch erst 16, als wir uns kennen lernten und haben uns immerhin schon Küsschen gegeben."

„Ja, Lisa, und einmal haben wir sogar im Heu gelegen, da

kannten wir uns ein halbes Jahr. Als ich nach Hause kam, hat meine Mutter mir die Heuhalme vom Pullover gezupft und lieb geguckt. Sie mochte dich und hat uns unser Glück gegönnt."

„Du hast eine ganz nette Mutter. Ich habe mich gleich bei euch wohl gefühlt. Was ich dir noch nie erzählt habe: Mit deiner Mutter konnte ich auch über Liebesdinge sprechen, so aus dem Nähkästchen, das konnte ich früher mit meiner Mutter nicht. –

Hast du mit deinem Vater über Liebe gesprochen, Oskar?"

„Nein, kein Wort, Lisa. Ich glaube, das könnte ich immer noch nicht. Aber mit dir spreche ich gerne über Liebe. Mir gefällt das, wenn wir über unsere Wünsche und Vorlieben sprechen. Ich höre gerne, was dir gefällt."

„Ja, Os, ich bin auch froh, dass wir das können und uns Zeit dafür nehmen. Du kannst so klar formulieren und hast eine schöne Stimme, die spüre ich in meinem Körper."

„Du sagst viel Gutes und Schönes zu mir, Lisa. Das hat mir von Anfang an Mut gemacht. Als ich dich zum ersten Mal nach Hause gebracht habe und wir uns an eurer Haustür geküsst haben und ich dann schnell gegangen bin, hast du mir nachgerufen: „Du hast einen schönen Namen, Oskar." Da war ich glücklich, Lisa, und habe auf dem Heimweg in die Nacht hundert Mal laut Lisa, Lisa gerufen. – Jetzt haben wir vor lauter Turteln unsere Freunde vergessen, Lisa."

„Sprecht bitte weiter, ich könnte euch stundenlang zuhören, ihr seid ganz liebevoll im Gespräch, das ist Schmusen mit Worten, was meinst du, Heinrich?"

„Ja, ja, Klärchen, mir gefällt es, und wir haben das gestern auch gemacht, mit Worten und Taten und ohne Befehle."

„Ja, Hein, das war ein wunderschöner Abend der Liebe."

Empfehlung:
Den Partner nehmen, wie er ist

In diesem Buch geht es immer wieder um die Spielregeln der Partnerschaft.

Bert Hellinger schreibt: „Als tiefste Liebe wird erlebt, wenn jemand so, wie er ist, anerkannt wird, und zwar als notwendig so. Er kann gar nicht anders sein. So ist er richtig. Obwohl er anders ist als ich und ich anders bin als er, anerkennen wir uns beide als richtig. Das ist die eigentliche Liebe." [11]

Viele Menschen denken am Anfang einer Liebesbeziehung, dass es ihnen im Laufe der Zeit gelingen müsste, den Partner zu verbessern, um dann ein glückliches Zusammenleben zu erreichen. Diese Absicht ist zum Scheitern verurteilt. Sie besagt nämlich: Erst wenn du so bist, wie ich dich haben möchte, werde ich dich lieben.

Lisa sagte zu Oskar: „Als wir uns kennen lernten, wollte ich mich und dich verbessern. Ich hatte den Eindruck, du wolltest mich auch verändern, zum Beispiel sollte ich ein bisschen ordentlicher sein."

„Stimmt, Lisa, ein bisschen ordentlicher wäre mir recht gewesen. Doch heute kann ich deine verstreuten Klamotten liegen lassen und amüsiere mich sogar, wenn ich denke, meine Lisa macht es wie ihre Mutter. Und wenn du mit 72 so eine süße Dame bist wie sie, darfst du nie vergessen, deine Dessous in der Wohnung rumfliegen zu lassen. Sonst bin ich unzufrieden mit dir, Liebste."

„Und mein Oskar ist ordentlich wie sein geliebter Opa! Und wenn du mit 75 so ein lieber, großzügiger Vater und Großvater bist wie er, bin ich dir böse, wenn du aufhörst, deine und meine Schuhe zu putzen und ins Regal zu stellen. Ihr seid zwei süße Männer, Oskar, du und dein Opa, ich liebe euch beide!"

„Bei mir", sagte Lisa, „war es eine Erleichterung, als ich sagen konnte ,Liebe Mama, wenn ich stumm und unordentlich bin, bin ich dir nah, in Liebe. Ich bin deine Tochter und mache es wie du. Ich will nicht anders sein.' Damit hörte der Kampf gegen mich selbst auf.

Und du, Os, hast mir geholfen, indem du mit meiner Stummheit und Schlampigkeit manchmal einverstanden warst und mich genommen hast, wie ich bin."

„Ja, Lisa, ,lieben kann man nur das Unvollkommene'. [12] Dieser schöne Satz hat es mir leichter gemacht, mich mit meinen Fehlern und Unvollkommenheiten anzunehmen und den kleinlichen Hader zu beenden, zum Beispiel mit meinem Ordnungsfimmel. Ich lasse ihn und finde ihn in mancher Hinsicht gut und brauchbar und bin der Enkel des Vaters meiner Mutter, und der ist mein großes Vorbild."

Dieses Gespräch ist ein schönes Beispiel, wie Fehler der Partner neu gesehen und dadurch zu positiven Verhaltensweisen werden.

Den Vorfahren einen guten Platz geben

Zwischen unserem Lebensschicksal und dem unserer Eltern und Vorfahren über mehrere Generationen bestehen enge Zusammenhänge. Wenn wir uns dementsprechend verhalten, sind wir in Ordnung, sind gute Kinder. Wenn unsere Eltern unglücklich waren und wir unglücklich sind, sind wir in Übereinstimmung mit unseren Eltern und gehören dazu. Ein Kind will zu seiner Familie gehören, ganz gleich, was das für eine Familie ist. Schicksale aus früheren Generationen beeinflussen unser Leben. Wenn es in den Generationen der Eltern, Großeltern, Urgroßeltern und manchmal noch weiter zurück schwere Schicksale gab, übernehmen

Kinder, Enkel und Urenkel ein solches Schicksal oder Teile davon, auch wenn sie bewusst nichts davon wissen.

Was können wir tun? Müssen wir so weitermachen und leiden wie unsere Vorfahren, oder können wir unser Schicksal zum Guten wenden?

Ein erster Schritt zum Guten ist, dass wir den Wert unserer Leiden als Zeichen der Verbundenheit mit unseren Vorfahren erkennen und zum Ausdruck bringen, zum Beispiel durch den Satz: Mit meinen Leiden bin ich euch verbunden – in Liebe.

Ein weiterer wichtiger Schritt ist, dass wir denen unter unseren Vorfahren, die ein schweres Schicksal hatten, einen guten, ehrenden Platz in unserer Familie und in unserem Herzen geben.

Als Heinrich und Klara mir in einem Beratungsgespräch von den schweren Schicksalen in ihren Herkunftsfamilien erzählt hatten, beschlossen die beiden, die Gräber der toten Angehörigen zu besuchen.

Klara guckte auf die Uhr und in die Nacht: „Es ist bald Mitternacht und Vollmond. Lass uns einen Spaziergang machen – auf den Friedhof zu deinen Verwandten, Hein."

„Ja, komm, wir gehen zur Oma und meinen beiden Onkeln."

Sie gingen durchs schlafende Dorf bis zur gotischen Kapellenruine und dann weiter durch die Birkenallee zum Friedhof.

„Ich weiß gar nicht, wo die Gräber genau sind, sie müssen im alten Teil des Friedhofs sein. Wir können die Inschriften bei dem hellen Mondlicht lesen."

Klara rief aus einiger Entfernung: „Hier liegt Onkel Heinrich, Liebchen, und hier ist deine Großmutter mit dem Kind."

Sie standen eine Weile am Grab der Großmutter. Heinrich begann zu sprechen: „Liebe Großmutter, ich bin dein Enkel Heinrich, lieber Onkel, ich bin dein Neffe. Ich habe euch nicht kennen gelernt, ihr seid so früh gestorben. Wir gehören zusammen."

Klara schluchzte: „Liebe Großmutter, lieber Onkel, ich bin Heinrichs Frau. Bitte gebt uns euren Segen, dass wir ein bisschen glücklicher sein können." Heinrich hielt sein Klärchen und beide weinten, als stünden sie an einem frischen Grab.

„Jetzt will ich noch meinen Patenonkel besuchen", und sie gingen die paar Schritte zum Onkel Heinrich. Hein sagte: „Lieber Onkel Heinrich, du bist nur 40 Jahre alt geworden und hast viel gelitten, und manchmal haben wir über dich geschimpft, weil du geschrien hast und wütend warst. Ich bin dein Patensohn, ich ehre dich und verneige mich vor deinem Schicksal. Sei bitte freundlich zu mir und meiner Frau."

Heinrich und Klara blieben noch eine Weile, saßen im Gras zwischen den Gräbern und hielten sich.

Nach der Nacht auf dem Friedhof fuhren Klara und Heinrich in Klaras Heimat, besuchten die alten Freunde und Bekannten und gingen auf den Friedhof zum Grab der jüngsten Schwester des Vaters von Klara, Tante Änne. Klara sprach zu ihrer Tante Änne und zu den beiden gefallenen Brüdern ihres Vaters, Onkel Hans und Gregor, die 1943 in Russland gefallen und begraben sind.

Zurück zu Hause fühlten sich die beiden befreit von schweren, alten, fremden Lasten und waren glücklich miteinander.

Das heilsame Streiten

Zwei Wochen später kam Klara weinend in meine Praxis: „Es ist alles kaputt, wir haben uns wieder furchtbar gestritten. Wo wir doch so glücklich waren wie in den Flitterwochen. Ich dachte, jetzt ist alles Leid vorbei. Es war wie vor 15 Jahren. Wir schwebten im siebten Himmel und dann dieser Absturz. Wir haben uns in den Haaren gelegen, buchstäblich, und uns auf dem Boden gewälzt."

Ich sagte: „Das hört sich gut an, Klara. Ich glaube, das habt ihr gut gemacht. Tag und Nacht im siebten Himmel kann keiner lange aushalten. Euer Streit war die Rettung; er hat euren zweiwöchigen Verschmelzungszustand glücklicherweise unterbrochen. Paare, die so zusammenkleben, sollten sich streiten, um wieder Abstand zu bekommen. Es gibt ja noch andere schöne und wichtige Sachen im Leben."

„Ja," sagte Klara, „ich habe die ganze Nacht wie eine Wilde die Wohnung aufgeräumt, alles geputzt, auch die Fenster, drei Maschinen Wäsche gewaschen, die Betten neu bezogen, sogar den verdreckten Heizungskeller sauber gemacht. Unser Zoff hatte was Gutes."

„Ihr solltet das Streiten ab und zu beibehalten, da es ein Regulativ für Nähe und Abstand in der Paarbeziehung ist und bei eurer Familiengeschichte immer wieder mal eine Gelegenheit, die leidvolle Verbundenheit mit euren Eltern und denen, die ein schweres Schicksal hatten, zum Ausdruck zu bringen."

„Ich dachte, das wäre jetzt vorbei, das bräuchten wir nicht mehr."

„Ab und zu ein Leidenstag mit Streit kann nicht schaden. Vielleicht könnt ihr einen Tag in der Woche dafür reservieren, dann habt ihrs für die anderen sechs Tage erledigt."

Klara sagte: „Beim Putzen in der Nacht habe ich gedacht, wir waren wie zwei Kinder, haben zwei Wochen gespielt wie glückliche Kinder und uns dann gestritten wie Kinder. Doch unsere Liebe ist größer."

„Das ist ein schöner Satz, Klara."

Klara ging nach unserem Gespräch in Heinrichs Büro und gab einen Brief ab, in dem nur stand:

Unsere Liebe ist größer.

Die Spielregeln der Partnerschaft und die Lösungen beim Familienstellen, das Lisa schon mitgemacht hatte, gaben den Gesprächen der vier Freunde so interessante und aufregende Impulse, dass sie sich regelmäßig trafen. Beim dritten Treffen wurde Lisa von Klara gebeten, über ihre Erfahrungen mit dem Familienstellen zu berichten.

„Bert Hellinger habe ich bei einem großen Seminar für das Familienstellen erlebt. Er kam durch den Seitengang des Saales, ging die Treppe hoch auf die Bühne und fing gleich mit der Arbeit an. Bei drei Aufstellungen wurde ich als Stellvertreterin ausgewählt: Als Mutter, als totgeborenes Kind und als eine Tante, die früh gestorben war. Das war eine unglaubliche Erfahrung.

Als totgeborenes Kind saß ich zu Füßen meiner Eltern und konnte mich anlehnen und war ganz friedlich. Zum Schluss hat Bert Hellinger mich in die Reihe der lebenden Geschwister gestellt. Das war wunderbar. Ich gehörte dazu, ich war die Älteste, und als mein Bruder, der Zweite, sagte: ‚Liebe Schwester, ich bin froh, dass du da bist und neben mir stehst. Du bist die Erste, und ich möchte dir einen Namen geben, Katharina.‘ Da haben wir beide vor Glück geweint und uns umarmt und gedrückt. Es war, als wäre ich wirklich nach Hause gekommen. Ich habe erlebt, was es bedeutet, zur Familie zu gehören.“

Heinrich sagte: „Wie konntest du das erleben, wusstest du, was in der Familie los war, und warum wurde überhaupt die Aufstellung gemacht?“

„Nein, ich wusste fast nichts. Rechts neben Hellinger saß ein Mann, 35 Jahre. Er war depressiv und wollte am liebsten tot sein. Er hat für seine Eltern, für sich und seine zwei jüngeren Brüder Stellvertreter ausgesucht und aufgestellt. In der Aufstellung waren alle unglücklich. Die Eltern hatten keinen Kontakt, die Mutter stand von der Familie abgewandt. Hellinger sagte: „Da fehlt jemand, ist jemand früh gestorben?" Der Mann sagte: „Vor mir kam eine Schwester tot zur Welt."

„Das ist es!", sagte Bert Hellinger und wählte mich für das tote Kind. Damit war alles klar. Die Eltern waren zugewandt und traurig, der Stellvertreter des Bruders atmete tief und richtete sich auf. Am Schluss standen die Eltern nebeneinander, und wir vier Kinder ihnen gegenüber, dem Geburtsalter nach aufgereiht, ich als die Erste, und wir fühlten uns alle wohl."

Heinrich dazu: „Das kommt mir wie Zauberei vor. Die Stellvertreter, die von der Familie kaum etwas wissen, erleben, wie das in der Familie war?"

„Ja, Heinrich, das habe ich so erlebt."

Bert Hellinger schreibt dazu: „Wenn ich eine Familie aufstelle, können die Einzelnen, die da drinnen stehen, ganz genau fühlen, was in dieser Familie vorgeht, obwohl die wirklichen Mitglieder weit entfernt sind. Die Ordnung dieser Familie wiederholt sich in dieser Aufstellung. Durch die Aufstellung habe ich plötzlich Zugang zu einer Wirklichkeit, die mir im Denken verschlossen ist. Es kommt etwas ans Licht, was bisher verborgen war. Wenn es am Licht ist, kann ich ausprobieren, ob es eine Lösung gibt.

Aber so, wie die wirkliche Familie in dieser Aufstellung gegenwärtig ist, so wirkt auch die Lösung von der dargestellten Familie auf die wirkliche Familie zurück, selbst wenn die nichts davon wissen." [13]

„Was in der Aufstellung geschieht, wirkt auf die wirkliche Familie zurück? Das ist ja ein Wunder!"

„Ja Hein, vielleicht eins von den alltäglichen Wundern, die wir nicht mehr bewusst erleben, weil wir uns an sie gewöhnt haben. Für mich ist es klar und plausibel: Die aufgestellten Stellvertreter erleben etwas Wesentliches von der Familie und bringen es zum Ausdruck. Wenn die Aufstellung so geändert wird, dass alle, die dazugehören, einen guten Platz haben und sich zusammengehörig und wohl fühlen, ist es doch genauso plausibel, dass diese geordnete Ganzheit mit ihrer heilenden Kraft eine gute Wirkung auf die vielleicht weit entfernt lebende Familie haben kann, ohne dass die etwas davon weiß und gesagt bekommt."

Bert Hellinger berichtete ein Beispiel aus einem Seminar in der Schweiz: Eine deutsche Teilnehmerin stellte ihre Herkunftsfamilie auf. Ihr Vater war in einen Fluss gesprungen und ertrunken. Ihre Mutter ging seitdem jeden Tag über eine Brücke dieses Flusses, schaute auf die Stelle, an der ihr Mann ertrunken war und wollte auch hineinspringen, ihm in den Tod folgen. Als die Aufstellung stattfand, von der die Mutter nichts wusste, und eine gute Lösung gefunden wurde, ging die Mutter zur selben Stunde wieder über die Brücke und erlebte etwas Sonderbares. Es war ihr, als würde ihr Kopf von der flussaufwärts gelegenen Stelle, an der ihr Mann ertrunken war, in die Richtung des weiterfließenden Flusses gedreht, sie schaute flussabwärts und konnte dem Strom des Lebens folgen. [14]

Im Krieg gab es oft ein Wissen um das Schicksal der Väter und Söhne, ohne dass eine mündliche oder schriftliche Nachricht kam. Manche Frauen und Mütter wussten, ob es ihren Männern und Söhnen gut ging oder ob sie in Gefahr oder tot waren. Auch bei Tieren, z. B. Hunden, gibt es ein Wissen um weit entfernte Artgenossen oder Menschen, mit denen sie zusammenleben. Rupert Sheldrake hat darüber geforscht. [15] Unsere bisherigen Annahmen zur Informationsübermittlung werden durch die Arbeit von Hellinger erweitert. Er schreibt über „das Wissen durch Teilhabe": „Es zeigt sich also beim Familienstellen, dass zwischen dem Klienten und den Mitgliedern seines Systems ein wissendes Kraftfeld wirkt, das Wissen ohne äußere Vermittlung allein durch Teilhabe ermöglicht, und, was noch überraschender ist, dass auch die Stellvertreter, die ja mit dieser Familie sonst nichts zu tun haben und von ihr auch nichts wissen können, an dieses Wissen und an die Wirklichkeit dieser Familie angeschlossen sein können." [16]

Beim Lesen dieses Buches werden manche fragen, ob es für die Bearbeitung von Konflikten nötig ist, einen Kurs für das Familienstellen mitzumachen. In diesem Buch geht es mir auch darum, Beispiele zur Selbsthilfe in der Paar- und Freundschaftsbeziehung aufzuzeigen.

Heinrich und Klara wollten wissen, ob sie einen Kurs bei Bert Hellinger mitmachen könnten. Das ist heute nicht mehr möglich. Bert Hellinger arbeitet viel im Ausland, hauptsächlich mit Therapeuten zu deren Fortbildung sowie zur Erforschung bestimmter wichtiger Bereiche, etwa der Täter-Opfer-Thematik. Seine ganze therapeutische Arbeit ist in seinen zahlreichen Büchern und Videos dokumentiert und steht zur Verfügung. Wir bekommen so ständig unmittelbaren Einblick in seine aktuelle Arbeit und Forschung sowie in seine Erkenntnisprozesse. Ich kenne keinen Therapeuten, der sich so in die Karten schauen und ein großes Publikum teilhaben lässt an seinem Tun und Denken.

Seine Seminare mit einigen hundert Beobachtern und Teilnehmer/innen sind auch ein gutes Beispiel für lebendiges Lernen. Da steht kein Dozent, der stundenlange Vorträge hält. Hellinger lässt uns teilhaben an seiner praktischen therapeutischen Arbeit. Er bezieht uns mit ein. Viele der Beobachter/innen werden als Stellvertreter/innen für die Personen der Familie aufgestellt und können fremde Schicksale und gute Lösungen unmittelbar am eigenen Leibe erleben. Bert Hellinger ist ein mutiger Mann. Er riskiert durch die offene Demonstration seiner Arbeiten, dass er von Gegnern beobachtet und kritisiert wird und lässt es zu. Auf diese Weise fördert er die Diskussion und den Austausch in der Wissenschaft. Seit 1990 kam es zu einer weiten Verbreitung seiner therapeutischen Arbeiten und Erkenntnisse. In nur zehn Jahren haben viele tausend Menschen die guten Wirkungen dieser Therapie erfahren und noch viel mehr konnten als Beobachter dabei sein. Seine Bücher und Video- und Audiokassetten werden in bisher zehn Sprachen publiziert.

Es gibt in Deutschland und im Ausland weit über tausend Therapeutinnen und Therapeuten für diese Kurzzeittherapie mit dem Familienstellen, sodass es möglich ist, sich anzumelden und, manchmal nach einer Wartezeit von einigen Wochen oder Monaten, einen Platz in einem Kurs für das Familienstellen zu bekommen (siehe Seite 155).

Empfehlung:
Wer gehört zur Familie?

Wenn Sie die Personen, die zu Ihrer Familie gehören, vollständig kennen lernen möchten, können Sie nach der folgenden Anleitung vorgehen:

Zur Gegenwartsfamilie gehören:

Der Mann und die Frau, die Kinder aus dieser Beziehung, auch früh gestorbene oder tot geborene. Ebenso gehören abgetriebene Kinder dazu, wenn die Abtreibung in einem Stadium der Schwangerschaft stattfand, in dem ein Kind lebensfähig sein könnte, das heißt ab dem 5. bis 6. Schwangerschaftsmonat mit einem Gewicht von etwa 500 Gramm. Die Tötung eines solchen Kindes hat für die Eltern und die lebenden Kinder schwerste Auswirkungen wie Mord. Abgetriebene Kinder in den ersten 2 bis 3 Monaten der Schwangerschaft haben in jedem Fall Bedeutung für die Eltern, nicht immer für die lebenden Kinder (siehe dazu das Kapitel Abtreibung). Weiterhin gehören dazu frühere wichtige Partner des Mannes und der Frau sowie Kinder, die aus früheren Beziehungen hervorgegangen sind.

Zur Herkunftsfamilie gehören:

Sie und Ihre Geschwister, Ihre Eltern, frühere wichtige Partner Ihrer Eltern und Kinder, die aus früheren Beziehungen Ihrer Eltern hervorgegangen sind. Die Geschwister Ihrer Eltern, Ihre Großeltern und frühere wichtige Partner Ihrer Großeltern und aus diesen Beziehungen hervorgegangene Kinder. Die Geschwister Ihrer Großeltern werden beim Familienstellen beachtet, sofern sie ein schweres Schicksal hatten oder ihnen die Zugehörigkeit zur Familie verweigert wurde. In manchen Fällen sind Personen aus der Generation der Urgroßeltern oder noch weiter zurück einzubeziehen, nämlich wenn jemand ein besonders schweres Schicksal hatte: zum Beispiel eine Urgroßmutter, die bei der Geburt eines Kindes oder im Wochenbett gestorben ist oder wenn jemand Opfer oder Täter eines Verbrechens geworden ist.

Das Prinzip ist, dass alle in einer Familie das gleiche Recht auf Zugehörigkeit haben und dass es schlimme Auswirkungen hat, wenn einem dieses Recht verweigert wird. Dazu gehören auch die, die einen Platz freigemacht haben, zum Beispiel die erste Frau des Vaters oder Großvaters, der erste Mann der Mutter oder Großmutter, der Erbe eines Hofes oder einer Fabrik, durch dessen Tod ein jüngerer Bruder den Besitz bekommen hat.

Wenn Sie feststellen, dass Sie von manchen Personen in Ihrer Herkunftsfamilie keine Informationen haben, sollten Sie behutsam nachforschen.

In einem Kurs berichtete eine Frau, Alena, dass sie ihren leiblichen Vater nicht kenne. Sie habe gehört, dass er noch drei Söhne habe. Sie sei bei der Mutter aufgewachsen und habe keinen Kontakt mit dem Vater herstellen dürfen.

Bei der Aufstellung stürzte sich die Stellvertreterin von Alena in die Arme des Stellvertreters ihres unbekannten Vaters. Zehn Tage nach dem Kurs rief mich Alena an: „Ich habe meinen Vater gefunden und meine Brüder. Mein Papa sagte: ‚Ich habe in den vergangenen Tagen immer wieder an mein Töchterchen denken müssen.' Am Sonntag fahre ich hin."

Ein Mann war 1946 aus der Liebesbeziehung seiner Mutter mit einem amerikanischen Soldaten hervorgegangen, der bald wieder in die USA zurück musste. Als der Sohn 40 Jahre alt war, sagte er zu seiner Mutter „Ich möchte meinen Vater kennen lernen". Die Mutter wusste seinen Namen und die Nummer der Kompanie. Der Sohn wandte sich an die Zentrale der amerikanischen Armee in Deutschland und hatte nach zwei Wochen die Anschrift seines Vaters und besuchte ihn. Vater und Sohn sahen aus wie Zwillinge, der eine war allerdings 21 Jahre älter. Der Vater war verheiratet und hatte mit seiner zweiten Frau sechs Kinder.

Bert Hellinger erzählte eine ähnliche Geschichte: Kurz nach dem Krieg war eine junge deutsche Frau in Frankreich, lernte einen jungen Franzosen kennen und wurde schwanger. Als die Eltern ihres Freundes hörten, dass die Deutsche schwanger war, haben sie ihren Sohn am weiteren Kontakt mit ihr gehindert. Die Frau fuhr zurück nach Deutschland und gebar einen Sohn. Als er 14 Jahre alt war, wollte er seinen Vater kennen lernen. Die Mutter kannte nur seinen Namen und seine Heimatstadt in Frankreich. Sie fuhr mit ihrem Sohn hin; sie gingen durch die Straßen und Gassen und schauten auf die Türschilder. Nach einer halben Stunde fanden sie an einer Tür den Familiennamen des Vaters ihres Sohnes.

Der Sohn drückte auf die Klingel, die Tür wurde von einer Frau geöffnet, die die beiden sah, durch den Hausflur ans Telefon lief, eine Nummer wählte und sagte: „Die beiden sind da!" [17]

Schwierigkeiten bei der Erforschung der Schicksale

Bei der Erforschung von Familienschicksalen kann es sein, dass Sie auf eine Mauer des Schweigens stoßen, auf Personen, über die man nicht sprechen darf, zum Beispiel:

– ein Vater hatte vor der Ehe eine Liebesbeziehung und von dieser Frau ein Kind, das er verleugnet;
– eine Großmutter war verlobt mit einem Soldaten, der gefallen ist;
– das erste Kind einer Frau stammt aus einer vorehelichen Beziehung und wurde dem Ehemann als sein Kind untergeschoben;
– ein Mann weiß, dass das erste Kind seiner Frau nicht von ihm ist; er hat es adoptiert. Das Kind wächst in der Annahme auf, es sei das erste Kind des Ehemannes der Mutter. Der leibliche Vater wird ihm vorenthalten;
– totgeborene oder bei der Geburt gestorbene Kinder werden als bedeutungslos angesehen, die lebenden Geschwister erfahren nichts davon;
– bei einer Zwillingsschwangerschaft mit einem toten Kind erfährt der lebende Zwilling nicht, dass er ein totes Geschwister hat;
– in einer Familie mit mehreren Kindern hatte die Mutter während der Ehe einen Geliebten, durch den sie schwanger wurde. Das Kind wurde als eheliches Kind angegeben;
– in einer ähnlichen Situation wurde das Kind des Geliebten der Mutter in der zweiten Hälfte der Schwangerschaft abgetrieben;

- ein Bruder des Vaters war das schwarze Schaf der Familie, von dem nie gesprochen wurde. Er musste nach Südamerika auswandern und ist verschollen;
- ein Vater mit drei lebenden Brüdern hatte sieben Geschwister, die im frühen Kindesalter gestorben sind. Seine Kinder erfuhren nichts von diesen Toten;
- der jüngste Bruder eines Vaters mit 12 Kindern war Profiboxer und hat drei Gegner zu Tode geboxt und wurde selbst bei einem Boxkampf getötet;
- ein Großvater war Kommunist und wurde im Konzentrationslager ermordet;
- ein Großonkel lebte in einer psychiatrischen Anstalt und wurde im Rahmen der „Euthanasie" genannten Mordaktion vergast.

Es kann also sein, dass Sie bei Ihren Recherchen auf Widerstände stoßen, worüber manche Teilnehmer in meinen Kursen berichteten. Ich sage deshalb zu Beginn der Aufstellungsarbeit: „Ich möchte, dass wir am Anfang unserer Arbeit unseren Eltern, Großeltern und allen, die es betrifft, sagen, dass wir diese Arbeit nicht machen, um zu urteilen und zu richten. Dass wir sie mit Respekt und Liebe angehen wollen und mit dem Ziel, für alle, die dazugehören, einen guten Platz in der Familie und gute Lösungen für schwere Schicksale zu finden. In diesem Sinne wollen wir um Wohlwollen und Zustimmung bitten."

Miteinander sprechen

Lebendigkeit und Liebe in der Paarbeziehung, Erotik und Sexualität gedeihen und wachsen, wenn die Partner miteinander sprechen. Viele Paare, die in meine Praxis kamen, waren verstummt:

– Wir reden miteinander und verstehen uns nicht. Es kommt mir vor, als sprächen wir in fremden Sprachen. Wir brauchen einen Dolmetscher.

– Wir sprechen viel miteinander, manchmal die Nacht hindurch bis zum Morgengrauen und kommen uns nicht näher. Wir machen uns alte und neue Vorwürfe. Das Ende sind Tränen und Beschimpfungen. Es hat keinen Zweck. Ich bin verstummt und verzweifelt, ich brauche Hilfe.

– Mein Mann weiß, wie es in mir aussieht. Wenn ich ihm sage, dass ich verzweifelt bin, sagt er: Jetzt will ich dir mal sagen, was wirklich mit dir los ist, du brauchst Beruhigungsmittel. Von ihm erfahre ich nichts. Ihm geht es immer gut.

– Als ich meine Frau kennen lernte, war ich glücklich, dass sie glücklich mit mir war. Im Laufe eines Jahres wurde sie immer mürrischer und gestresster. Ich weiß nicht, was los ist. Sie sagt es mir nicht. Vielleicht weiß sie es selbst nicht.

– Wir könnten unendlich glücklich sein. Wir verdienen gut, der Beruf macht uns Freude, wir wohnen in einem schönen Haus und sind total unglücklich, streiten uns permanent und wollen uns trennen.

- Wenn ich meiner Frau sagen würde, was ich mir alles wünsche, wäre sie entsetzt. Ich habe ganz komische Wünsche, ich möchte, dass meine Frau mir weh tut, mich kratzt und kneift. Als ich ihr das gesagt habe, hat sie mich entgeistert angeguckt und gesagt, du bist ja pervers. – Meine erste Freundin hatte Spaß dabei.
- Wenn mein Mann wüsste, dass ich mit meiner Freundin schmuse, weil er dazu keine Lust hat, würde er gehen.
- Ich möchte jeden Tag vögeln, meine Frau anscheinend nie. Wir haben noch nie über dieses Thema gesprochen.
- Wenn ich meinen Mann drücke, denkt er, ich will sofort mit ihm ins Bett und knöpft mir die Bluse auf. Ich mache dann mit, ohne wirklich zu wollen. Ich brauche mehr Zeit.
- Nach dem Sex springt meine Frau sofort auf und duscht gründlich. Ich glaube, sie ekelt sich. Darüber sprechen? Nein, das würde sie kränken.

Das lebendige Paargespräch

Amerikanische Paare sprechen pro Tag durchschnittlich vier Minuten miteinander, deutsche noch weniger." [18] Jeder Deutsche sitzt im Durchschnitt täglich drei Stunden vor dem Fernseher und verbringt täglich zwei weitere Stunden mit anderen Massenmedien. [19] Vier Minuten fürs Gespräch, fünf Stunden für Massenmedien! Warum nicht umgekehrt? Zeit genug für das Leben des Paares, nach der Arbeit, Zeit für die Mahlzeiten, zum Faulenzen, für Gespräche, Zärtlichkeit und Sex! Warum machen es die meisten nicht, haben es nicht gelernt, können es nicht?

Ein lebendiges Paargespräch kommt oft nicht zustande, weil einer der Partner oder beide befürchten, dass eine offene Mitteilung der Wünsche, Bedürfnisse, Interessen und Fantasien die Beziehung belasten und zur Trennung führen könnte.

Die Angst vor Liebesverlust ist bei vielen Menschen eine oft gemachte Kindheitserfahrung. Es wird in der emotional so wichtigen Liebesbeziehung gefürchtet, dass diese schlimme Erfahrung wieder eintreten könnte. Manch einer denkt: Wenn ich mich zeige, wie ich wirklich bin, werde ich nicht geliebt, deswegen zeige ich mich so, wie ich annehme, dass der andere mich will.

Bei dieser verbreiteten Einstellung besteht die Gefahr, dass die Beziehung im Laufe der Zeit ärmer, leerer, kümmerlicher wird und schließlich erstirbt. Zu empfehlen ist der Mut zum Risiko, selbst auf die Gefahr, dass die Beziehung auseinander gehen könnte. Manchmal ist eine Trennung besser als ein kümmerliches Zusammenbleiben. Wenn beide den Mut haben, ein offenes Gespräch zu führen, sich wesentlich mitzuteilen, haben sie gute Aussichten, dass die Liebe gelingt und von Dauer ist.

Michael Lukas Moeller betont die Bedeutung der erotischen Zwiegespräche: „Erst wenn man den Mut findet, offen erotisch zu sprechen und der Leidenschaft ihren Lauf gibt, kann sich die Liebe freier und intensiver entfalten. Die Liebe wird nicht nur selbstbewusster, sondern überhaupt erst mündig. Das geschieht schon im üblichen, nicht themenzentrierten Zwiegespräch, weshalb schon dieses als wirksames seelisches Aphrodisiakum gilt, noch stärker allerdings im erotischen Zwiegespräch." [20]

Mit dem Zwiegespräch haben wir das Heilmittel für das weltweit verbreitete Verstummen in der Paarbeziehung. Michael Lukas Moeller gibt dafür genaue Anweisungen: „Zwiegespräche brauchen wenigstens einmal in der Woche anderthalb Stunden ungestörte Zeit. Die Regelmäßigkeit ist das Geheimnis ihres Erfolges. So geht der rote unbewusste Faden nicht verloren. Jeder spricht über das, was ihn bewegt: Wie er gerade sich, den anderen, die Beziehung und sein Leben erlebt. Er bleibt also bei sich. Das Gespräch hat kein anderes Thema. Es ist offen. Äußern und Zuhören sollten möglichst gleich verteilt werden. Schweigen und Schweigen lassen, wenn es sich ergibt. So sind ausgeschlossen: bohrende Fragen, Drängen und sanfte wie heftige Versuche, den anderen einfach zu übergehen. Zwiegespräche sind kein Offenbarungszwang. Jeder entscheidet für sich, was er sagen mag, auch wenn größtmögliche Offenheit in der Regel am weitesten führt.

Sich wechselseitig einfühlbar zu machen ist das erste Ziel der wesentlichen Gespräche. Nur so können wir uns wirklich miterleben. Wenn uns das gelingt, beginnen wir zu begreifen, was eine Beziehung sein kann. Weitere Ziele ergeben sich von selbst. Sie wechseln mit der Entwicklung. So erleben viele Paare eine Revolution zu zweit." [21]

Gemeinsame Zeit und das offene Zwiegespräch sind zwei der besten Heilmittel für die Liebe, die wir nicht erzwingen, doch begünstigen können.

Der Terminkalender

Agnes und Wim waren unglücklich und dachten an Trennung. Wim sagte: „Ich bin verzagt, weil Agnes nie mit mir schlafen will."

„Ich habe keine Lust, wenn du ständig verzagt und depressiv bist."

„Ich bin doch nur depressiv, weil du nie willst."

„Wie kann ich wollen, wenn du abhängst."

„Ich hänge ab, weil ich nie kann."

Ich fragte: „Wie oft möchtest du, Wim?"

„Och, wenn ich zweimal wöchentlich könnte, wäre ich glücklich."

„Und du, Agnes?"

„Ja, zweimal wöchentlich!"

Da die Beratungsstunde zu Ende war, sagte ich zum Abschluss: „Jetzt habt ihr die allerbesten Voraussetzungen, sehr glücklich miteinander zu sein; nehmt zu Hause eure Kalender und tragt zwei Termine wöchentlich ein." Das hatte ich halb im Scherz gesagt, weil ich dachte, die Liebe lasse sich nicht mit dem Kalender planen. Nach vier Wochen kamen die beiden und strahlten, als wäre die Sonne in ihnen aufgegangen. Ich sagte: „Was ist denn mit euch los?" Wim antwortete: „Deine geniale Idee mit dem Terminkalender!"

„Wie macht ihr das?"

Agnes sagte: „Bisher haben wir unsere sechsjährige Tochter nie zur Oma gehen lassen, weil die Oma ihr biblische Geschichten erzählt und wir gedacht haben, das schadet unserem Kind. Jetzt haben wir unserem Herzen einen Stoß gegeben, und meine Mutter holt Elli am Mittwochmittag aus der Schule ab, und Elli ist so gerne bei der Oma, dass sie den ganzen Nachmittag und die Nacht von Mittwoch auf Donnerstag bei ihr bleibt und von da aus zur Schule geht. Genauso machen wir es am Samstag, und am liebsten bleibt Elli das ganze Wochenende bei meiner Mutter. So haben wir Zeit wie im ersten Jahr unserer Liebe."

„Ja", sagte Wim „meine Depression ist geheilt, wir haben unsere Freude wiedergefunden."

Die Heilung der unterbrochenen Hinbewegung

In dem vorigen Kapitel habe ich auf die Bedeutung früh-kindlicher Verlassenheitserfahrungen für die spätere Paar-beziehung hingewiesen.

In vielen ursprünglichen Kulturen bleibt ein Kind wäh-rend der ersten drei Lebensjahre ständig in der Nähe der Mutter oder einer anderen vertrauten Person, wird auf dem Rücken oder auf den Armen getragen, spürt die Haut, die Wärme der Mutter und atmet ihren Duft ein. Wenn es hun-grig ist, wird es gestillt. [22]

In unserer Zivilisation haben fast alle Kinder Alleinsein, Einsamkeit und Verlassenheit erlebt, auch wenn wir uns als Erwachsene nicht daran erinnern können.

Ein Kind wird geboren und befindet sich oft sofort fern der Mutter im Babyzimmer. Wenn ein Kind schwach oder krank zur Welt kommt, bleibt es länger als die Mutter in der Klinik, ohne die Mutter oder andere nahe Personen bei sich zu haben. Das Kind spürt die Verlassenheit und schreit und schreit, bis es erschöpft einschläft. Wenn es wach wird, schreit es weiter, wird vielleicht von einer liebevollen Pfle-gerin auf die Arme genommen, getragen, gewiegt und beru-higt sich vorübergehend. Nach mehreren solchen Verlas-senheitszuständen resigniert das Kind und wimmert nur noch leise und depressiv vor sich hin. Viele Erwachsene kennen diese Zustände als Wiederholung frühkindlicher Erfahrungen.

Laura sagte in einem Kurs: „Wenn mein Mann, Walter, fortgeht, ohne mir zu sagen, wohin und wann er zurückkommt, kriege ich eine irre Angst. Mein Brustkorb verkrampft sich, ich kann nicht mehr atmen, meine zu ersticken, zu sterben. Ich krümme mich zusammen, liege auf dem Boden, wimmere und weine in mich hinein, bis sich der Krampf löst und ich laut schreien und weinen kann. Ich habe schreckliche Fantasien, Walter zu schlagen, ja zu ermorden. Wenn er tot wäre, ginge es mir besser, denke ich, dann wäre es aus für immer, das wäre leichter für mich, als wenn er immer wieder weggeht."

Bert Hellinger spricht bei solchen Verlusterfahrungen von einer unterbrochenen Hinbewegung. [23] Die nahe und am Anfang des Lebens vielleicht dauernde und vertrauensvolle Beziehung des Kindes zur Mutter oder einer anderen Person wird abrupt unterbrochen, und das Kind erlebt die beschriebenen Zustände von Verlassenheit und Todesangst.

Wenn ein kleines Kind nach einer Trennung, zum Beispiel nach einem Krankenhausaufenthalt, zur Familie zurückkehrt, kennt es seine Eltern nicht mehr und verhält sich fremd, abweisend und in sich gekehrt. Dieser Zustand kann lange anhalten, bis ins Erwachsenenalter, und eine liebevolle, vertrauende Paarbeziehung erschweren oder unmöglich machen. In den Kursen für das Familienstellen erkennen wir dieses Verhalten und können nach dem Beispiel von Bert Hellinger die unterbrochene Hinbewegung aufnehmen und in Vertretung der Mutter zu einem guten Ende führen.

Als Laura stockend über ihre Verlassenheitsängste berichtete, beugte sie sich wimmernd und verkrampft atmend zu mir vor. Ich führte diese Bewegung behutsam weiter, ließ sie zu mir hinsinken und hielt sie in meinen Armen. Sie umklammerte mich und wimmerte. Ich sagte: „Tief atmen, Laura, mit offenem Mund, ohne Ton, ja tief atmen, so ist's gut, weiter so, tief atmen." Nach einigen Minuten wurde sie ruhig und sagte: „Mama, bleib bei mir, halt mich." Nach zehn Minuten richtete sich Laura auf und war ganz ruhig. Sie berichtete, dass sie schon mit zwei bis drei Jahren in einem fensterlosen Abstellraum schlafen musste, im Gitterbettchen angebunden, und wenn sie wach wurde, diese schrecklichen Ängste erlebt hatte. Ihr Schreien war sinnlos, keiner kam.

Empfehlung:
Klare Absprachen treffen

Wenn in Ihrer Kindheit oder der Ihres Partners eine Unterbrechung der Hinbewegung stattfand, haben Sie in Ihrer Paarbeziehung eine gute Möglichkeit der Heilung. Laura machte nach dem Kurs mit ihrem Mann klare Absprachen: „Sag mir bitte immer, wohin du gehst und wann du zurückkommst. Wenn ich weiß, wo du bist, macht es mir nichts aus. Auch wenn du beruflich verreist bist und ich weiß, du bist in drei Wochen wieder bei mir, kann ich das gut ertragen. Das Schlimmste ist die Ungewissheit."

Als Laura an einem Abend die Verlassenheitsangst erlebte, sagte sie zu Walter: „Bitte, halt mich." Und Walter wiederholte die heilende Erfahrung und hielt seine Frau lange und liebevoll in seinen Armen. Interessant war, dass auch Walter solche schlimmen Ängste wiedererlebte und mit Lauras Hilfe zu einem guten Ende führen konnte.

Auch ohne besonderen Anlass ist es ein Wunsch vieler Frauen und Männer, sich nur zu halten, lange und liebevoll. Der Wunsch der Frau, nur gehalten zu werden, wird vom Mann manchmal als Wunsch nach Sex missverstanden, weshalb es wichtig ist, dass die Frau sagt: „Heute möchte ich, dass wir uns nur halten und drücken."

Die Unterschiede achten und lassen

Zilli erzählte über den Anfang ihrer Beziehung mit Jupp: Ich mochte ihn, er war so erfrischend direkt, packte mich gleich und drückte mich. Wir saßen auf der Erde und lagen im Gras, und es machte ihm nichts aus, dass ich mein bestes Kleid anhatte. Beim Picknick trank er aus der Flasche, obwohl ich Gläser mitgenommen hatte, und er reichte sie mir zum Trinken. Solche ungehobelten Manieren kannte ich nicht, bei uns ging es fein und vornehm zu. Er biss in das Brot und die Wurst, wischte sich mit der Hand den Mund ab und ließ die Servietten liegen. Er sagte: „Du kommst aus einer feinen Familie, ich möchte sie kennen lernen."

Ich war leicht schockiert und dachte: Um Himmels Willen, was werden meine Eltern und Brüder denken, wenn er den Wein aus der Flasche trinkt. Er ahnte meine Gedanken und sagte: „Keine Angst, Zilli, bei euch zu Hause trinke ich nicht aus der Pulle." Seine Sprache war mir zu direkt und derb, er ist in einem Dorf aufgewachsen, redete manchmal wie ein Bauer und im Streit mit einem Kollegen fluchte er wie ein Prolet.

Und doch: Jupp ist wirklich ein netter Kerl. Ich habe gedacht, mit der Zeit kriege ich ihn schon hin, ich werde ihm gute Manieren beibringen, ihm schöne Hemden und Anzüge kaufen, und wir richten unsere Wohnung so ein wie meine Eltern, von denen wir auch vieles übernehmen können. Das passte Jupp überhaupt nicht. „Unser Bett schreinere ich selbst, Zilli. Lass uns bescheiden anfangen, wir verdienen noch nicht so viel, dass wir alles neu kaufen können, lass uns zuerst beim Trödler gucken." Ich habe den Mund gehalten und gedacht: Aus dem mache ich noch was.

Als ich in sein Elternhaus kam, wurde ich mit offenen Armen aufgenommen. Seine Eltern duzten mich gleich, sein Bruder sagte: „Da hat sich der Jupp ein lecker Schätzchen ausgesucht!", und drückte mich; alles ganz anders als bei uns, einfacher und herzlicher.

Die Familie ist politisch rot, der Urgroßvater war Kommunist, die Großeltern und Eltern sind Sozialdemokraten. In den Gesprächen geht es manchmal hoch her, vor allem, wenn sie über die Politiker schimpfen. Von Religion halten sie nicht viel. Jupp war katholisch. Besonders fromm ist meine Familie auch nicht, doch wir wissen, was sich für eine bekannte Kaufmannsfamilie gehört: Wir gehen jeden Sonntag zur Kirche. Mein Vater hat kürzlich 100 000 Mark für den neuen Kindergarten gespendet. Ein Freund fragte ihn: „Warum machst du das, Harry?"

„Na ja", sagte mein Vater, „man weiß nicht, ob nicht doch was dran ist mit Himmel und Hölle und so; ich gehe da lieber auf Nummer Sicher. Außerdem ist es gut fürs Geschäft."

Als ich das meinem Jupp erzählte, war er lange ernst und still und sagte: „Kreuz und Kohle vertragen sich gut." Ich fragte ihn: „Was hat das denn mit Kohlen zu tun, Jupp?" Er lachte und sagte: „Ach, mein Schäfchen, Kohle heißt Zaster, Moos, Knete und Geld."

Ich finde vieles so neu und interessant bei Jupp. Am vorigen Wochenende haben wir eine Wanderung gemacht und mitten im Wald gezeltet. Bis Mitternacht saßen wir bei einem Feuerchen vor dem Zelt, und ich habe ihm mein Herz ausgeschüttet: „Ich glaube, ich kann nicht bei dir bleiben, Jupp, ich kann deine Erwartungen nicht erfüllen."

Er lachte: „Mein gutes Liebchen, was habe ich denn für Erwartungen?"

„Dass ich alles so mache wie du und deine Familie, mich für Politik interessiere, deine Einstellung zur Religion übernehme und so einfach lebe wie du und das Bier aus der Flasche trinke." Er lachte, machte eine Flasche Bier auf, trank einen Schluck und reichte sie mir: „Süße Zilli, probier mal einen Schluck aus der Pulle." Er drückte mich und sagte ganz ernst: „Zilli, ich liebe dich, wie du bist, ich will nicht, dass du meinetwegen etwas änderst, wenn es für dich nicht stimmt." Wir haben wieder Bier getrunken und uns geküsst. Mir war so feierlich zumute, als wäre es Champagner. Ich sagte: „Jupp, ich liebe dich, du bist ein wunderbarer Mann, ich möchte mit dir leben, doch habe ich Angst, dass es nicht geht. Wir kommen aus verschiedenen Welten, und du passt nicht in meine und ich nicht in deine, obwohl mir vieles in deiner Familie gefällt; reich mir noch mal die Pulle, ich möchte dir noch einen Bierkuss geben."

„Mein guter, feiner Schatz", sagte Jupp, „ich mache dir einen Vorschlag. Wir fangen einfach an und merken, ob es geht oder nicht. Wenn es geht, machen wir weiter, wenn nicht, überlegen wir uns was Besseres."

Paare mit ähnlicher Herkunft haben es leichter

Zilli und Jupp kommen aus unterschiedlichen sozialen Feldern und haben den Mut, diese Unterschiede als mögliche Belastung für das gemeinsame Leben anzusehen und darüber zu sprechen. Wenn die Partner aus ganz verschiedenen Kulturen, Sprachen und sozialen Bereichen kommen, erweist es sich oft als schwierig, genügend Angleichung und Übereinstimmung im Alltagsleben, den Sitten und Gebräuchen, den Sprachen und Weltanschauungen zu erreichen. Leichter ist es, wenn viel Übereinstimmung durch ähnliche Herkunft besteht. In hinduistischen Familien in

Indien wird gerade diesem Aspekt große und liebevolle Aufmerksamkeit geschenkt. Die Familie sucht für ihren Sohn ein Mädchen aus einer Familie aus, in der hinsichtlich des gesellschaftlichen Ranges, der Kaste, der ökonomischen Verhältnisse, der Ausbildung, der Gesundheit und Schönheit der Kinder große Ähnlichkeit besteht. Die beiden Kinder werden im Alter von 6 bis 8 Jahren verlobt, lernen sich bei dieser Gelegenheit kennen und wissen, dass sie mit 12 bis 14 Jahren heiraten. Während der Verlobungszeit haben die Kinder keinen Kontakt. Beide werden in ihren Familien auf die Ehe, auch auf die erotische und sexuelle Beziehung vorbereitet und freuen sich auf die Hochzeit.

Ein englischer Arzt, der 16 Jahre in Indien gelebt hat, berichtete, dass aus diesen durch die Eltern geplanten Beziehungen ganz glückliche und dauerhafte Ehen und Familien hervorgingen.

Nach diesen Erläuterungen kehren wir zu Zilli und Jupp im Wald zurück.

Empfehlung:
Den Partner nicht ändern wollen

Zilli setzte das Gespräch nach einer Weile fort: „Mein liebster Jupp, ich muss dir noch das Schlimmste sagen: „Ich will dich verändern und veredeln, dir schöne Hemden und Anzüge kaufen und mit dir fein ausgehen und mit dir bei meinen Eltern, Brüdern und Freunden angeben, und das sind piekfeine Leute."

Jupp lachte: „Und Kirchenschafe und haben Angst vor dem Tod und der Hölle. Eigentlich komisch, Zilli, dass Christen Angst vor dem Tod haben, die sollten sich doch freuen, dass sie bald tot und im Himmel sind."

„Hast du keine Angst vor dem Tod und vor dem, was danach kommt, Jupp?"

„Das interessiert mich nicht, ich lebe jetzt und das mit dir." Er packte mich und wir rollten zusammen über den Waldboden und gaben uns Bierküsse. Dann wurde er wieder ernst und sagte: „Zilli, über das, was nach dem Tod kommt, dürfen wir Menschen keine Aussagen machen, das steht uns nicht zu. Das ist eine Anmaßung. Ich lebe eine kleine Weile und nehme dieses wunderbare, einmalige Geschenk des Lebens mit allen meinen Kräften und gestalte und erfülle es, so gut ich kann. Ich freue mich auf jeden Tag, und seitdem du da bist, mein Liebchen, bin ich glücklich in unserer Liebe und halte die Unterschiede unserer Familien für nebensächlich. Lass uns anfangen, Zilli, und sehen, was wir zusammen machen können."

Ich hatte noch nie im Zelt geschlafen, es war eine zauberhafte Nacht, wir waren glücklich in unserer Liebe. Als ich am Morgen im Halbschlaf lag, rief Jupp von draußen: „Zilli, aufstehn, das Frühstück ist fertig". Er kam ins Zelt und weckte mich mit tausend Morgenküssen von den Fußspitzen bis zum Mund. Wir saßen am Feuer und hatten das schönste Frühstück der Welt mit Tee, Brot und Himbeeren.

Wir lassen die beiden auf ihrer Wanderung. Sie haben gute Voraussetzungen für ein erfülltes Leben. Sie sind von Anfang an mutig und sagen, was sie bewegt: das Liebevolle und das vielleicht Trennende.

Paare, die wie Zilli und Jupp offen miteinander sprechen, haben es leicht, in alltäglichen Konflikten gute Lösungen zu finden.

Der berühmte amerikanische Psychiater und Therapeut Milton Erickson wurde von einem Freund gefragt, wie er und seine Frau es machten, wenn sie verschiedener Ansicht waren. Dr. Erickson sagte: „Wir sagen beide unsere Meinung. Das genügt, wir diskutieren nicht darüber. Manchmal geht es so, wie meine Frau, manchmal wie ich es will." [24]

„Aus dem mache ich noch was, die kriege ich schon hin", so denken viele Paare und scheitern. Wenn Sie, liebe Leserin, einen Freund haben, den Sie nicht so nehmen können, wie er ist, den Sie verändern möchten, lassen Sie lieber die Finger davon, das geht meistens schief, Sie verschieben dann nämlich die richtige Liebe zu Ihrem Freund auf die Zeit, zu der er sich Ihren Vorstellungen und Wünschen entsprechend geändert hat.

Manche Männer haben eine dünne Frau und möchten sie dicker, andere eine wohlbeleibte, die dünn sein soll.

Ein Mann sagte zu seiner neuen Freundin: „Dein Po ist mir zu dick." Sie sagte kein Wort, drehte sich um und ging auf Nimmerwiedersehen.

Der Freund einer rotblonden Frau wollte, dass sie sich die Haare schwarz färben ließ. Sie trennte sich von ihm.

Ich kam vor Jahren zu einem befreundeten Paar. Der Mann wog 100 Kilo. Er sagte: „Du bist doch Ernährungsfachmann, was kann ich tun, um 20 Kilo abzunehmen?" Ich wollte gleich loslegen und ihm gute Ratschläge geben, da sagte seine Frau: „Nein, bleib wie du bist, ich liebe jedes Gramm an dir", und drückte ihn zärtlich.

Geben Sie es auf, Ihre Frau zu ändern, zu veredeln. Sie werden scheitern. Sie wird sich rächen, oft mehr unbewusst als absichtlich. Es gibt so viele Möglichkeiten heimlichen Widerstandes, stiller Rache, die einem keiner übelnehmen kann: Die vielen körperlichen Beschwerden, Mattigkeit, Kopfschmerzen, Schlafstörungen, Menstruationsbeschwerden. Darauf muss man doch Rücksicht nehmen, das kann doch keiner übelnehmen.

Oder der Mann, der sich mit Migräne in einen verdunkelten, stillen Raum ganze Tage zurückzieht – und in Ruhe lesen kann. Wer will ihm das verdenken?!

Bert Hellinger schreibt: „Wenn der Partner nicht recht ist, so wie er ist, dann verliert man ihn. Wer den Partner umformen will, der verliert ihn. Denn das Geheimnis dahinter ist, dass jeder meint, dass seine Mutter oder seine Eltern die richtigen waren und dass seine Familie die richtige war. Und dass die Welt in Ordnung wäre, wenn alle so wären wie seine Eltern und seine Familie. Wenn die Gesetze, die in seiner Herkunftsfamilie galten, ebenso in der ganzen Welt gelten würden . . .

Die Paarbeziehung fängt an mit dem Würdigen des Unterschiedlichen als ebenbürtig. Das Unterschiedliche ist gleich-wertig, und es ist gleich-gültig. So wie der Mann und die Frau unterschiedlich sind, aber gleich-wertig und gleich-gültig, so sind auch ihre Herkunftsfamilien gleich-wertig und gleich-gültig. Aus dieser Anerkennung wächst dann die Liebe. Die Grundlage der Liebe ist die Würdigung des anderen und seiner Familie, so wie er und sie ist." [25]

Von der Verliebtheit zur Lebenszufriedenheit

Im Zustand der Verliebtheit wird eine glückselige Übereinstimmung erlebt und manch eine hofft, jetzt endlich am Ziel des ewigen Glücks zu sein: So ein zärtlicher Mann, glückliche Tage und Nächte, selige Verschmelzung zu einer Liebeseinheit. Und manch einer hofft, endlich die Frau gefunden zu haben, immer bereit zu Zärtlichkeit und Sex, die einem die Wünsche von den Lippen abliest und auf der Stelle erfüllt. Wiederholung glücklicher Erfahrungen aus frühesten Kindheitstagen: die präsente, liebende Mutter, die ihr Baby an die prallen Brüste legt, Muster des Schlaraffenlandes und kindlicher und religiöser Paradieseslräume.

Die mächtige Wiederkehr dieser frühkindlichen, seligen Erfahrungen ist ein Kennzeichen der Verliebtheit und führt dazu, dass Vernunft und distanzierte Betrachtungsweise vorübergehend ausgeschaltet sind, weswegen Arthur Schopenhauer diesen Zustand eine milde Form des Wahnsinns nannte. Wechselbäder der Gefühle, innigste Verschmelzung und Glückseligkeit, Todeskälte der Verlassenheit, blinde Wut, Schmerz, Trauer, Verzweiflung und im nächsten Augenblick wieder jauchzendes Glück, all das können wir bei kleinen Kindern beobachten, all das erleben Jugendliche und Erwachsene im Zustand der Verliebtheit. Die Geliebte erscheint dem Mann als die schönste und kostbarste aller Frauen, dieses einmalige Objekt der Sehnsucht und Begierde will er behalten, und wenn sie sich ein Schrittchen entfernt, entstehen leicht alte Ängste der Verlassenheit. Der Geliebte erscheint der Frau wie ein Halbgott mit den schönsten Eigenschaften und das Leben mit ihm als Erfüllung der geheimsten Wünsche und Träume. Ihn gilt es zu gewinnen und zu behalten – für immer.

Die Tollheiten in diesem Zustand füllen Bibliotheken. Ein 45-jähriger Zahnarzt, verheiratet, Vater von zwei Kindern, verliebte sich in ein 16-jähriges Mädchen und sie in ihn. Hals über Kopf ließ er Frau und Kinder, seine Patienten, Haus und sicheres Einkommen im Stich und verschwand auf Nimmerwiedersehen.

Eine Frau mit zehn Kindern verliebte sich in einen berühmten Dichter und stürzte sich in die Arme ihres Geliebten in London.

Sehnsucht nach der frühen Kindheit

Die Kindheitssehnsucht nach der Mutter, die Hoffnung, in der geliebten Frau, dem geliebten Mann den sicheren und beständigen Hort der Liebe wie in frühesten Kindheitstagen und neun Monate lang im beständig warmen Schlaraffenland des Mutterleibes wiedergefunden zu haben, macht solche Verrücktheiten verständlich. Sie sind in vielen Fällen nicht bedrohlich. Wir wissen, dass der Rausch nach einigen Wochen verfliegt und wir wieder klar sehen, denken und handeln. Die Gefahr des milden Wahnsinns ist, dass in diesem Zustand Fakten geschaffen werden, die von Dauer sind. Die Geliebte des Zahnarztes wurde schwanger und bekam mit 17 Jahren Zwillinge. Der Dichter in London war ein Eigenbrötler, der seine Tage und Nächte mit Büchern verbrachte und nicht wusste, was er mit der leidenschaftlichen Frau aus Deutschland anfangen sollte. Der Rückweg zur Familie war ihr versperrt, der Ehemann hatte sich scheiden lassen.

Der Wunsch nach Sicherheit und Dauerhaftigkeit in einer Paarbeziehung ist groß. Es ist erstaunlich, wie viel manche Paare aushalten und in Kauf nehmen, um die Beziehung zu erhalten, jahre- und jahrzehntelang. Manches kennen wir vielleicht aus eigener Erfahrung, anderes aus der Beobachtung bei Freunden und Nachbarn. Ein Paar, seit 35 Jahren verheiratet, lebte in ständigem Streit. Gegenseitige Beschimpfungen, Schreien und Schlagen waren an der Tagesordnung; sie blieben zusammen.

Um der Verlassenheit vorzubeugen, hatte eine Frau immer mehrere Liebhaber. Sie sagte: Es ist gut, mehrere Eisen im Feuer zu haben, so brauche ich nicht zu befürchten, einsam zu sein.

Eine andere junge Frau, Olga, bevorzugte ältere, verheiratete Männer als Liebhaber. Die Beziehungen waren von kurzer Dauer. Nach einigen Monaten war sie wieder allein und unglücklich und wiederholte damit die Erfahrungen ihrer frühen Kindheit. Ihre Eltern trennten sich, als Olga drei Jahre alt war. Sie blieb beim Vater, der bald eine andere Frau kennen lernte, die mit dem Kind nichts zu tun haben wollte, sodass der Vater seine kleine Tochter in einem Heim unterbrachte. Nach einem Jahr zog der Vater mit seiner neuen Frau um, nahm Olga mit und gab sie in ein anderes Heim, in dem er sie gelegentlich besuchte. Olga erlebte von früher Kindheit an den schrecklichen Wechsel von kurzen Zeiten liebevoller Nähe und langer, grausamer Verlassenheit und wiederholte dieses Beziehungsmuster einige Jahre lang als erwachsene Frau mit ihren Liebhabern.

Dem Leben zustimmen, wie es ist

Ist das alles? Gibt es nicht auch andere Möglichkeiten?

Unter meinen Freunden und Bekannten sind Frauen und Männer, die mit sich und ihrer Welt gut zurechtkommen und zufrieden sind. Sie stimmen ihrem Leben und dem Dasein zu, so wie es ist. Sie sind am Leben interessiert, sie lernen gerne, auch im Alter, wollen Neues erfahren, ihren Horizont, ihre Kenntnisse und Fähigkeiten erweitern, vervollkommnen. Sie sind fleißig, die tägliche Arbeit schmeckt und bekommt ihnen, sie bewegen sich gerne, gehen spazieren, wandern, fahren mit dem Rad, sie erfreuen sich an ihren Familien, am Lebenspartner, den Kindern, Enkeln, dem Freundeskreis, den Kolleginnen und Kollegen, sie haben immer was vor.

Jeff Zeig fragte einmal seinen alten, verehrten Lehrer, Dr. Milton Erickson: „Milton, was machst du heute Nachmittag?" Die Antwort kam sofort: „Ich fahre zu meiner Tochter und spiele mit meinem Enkelkind." Dr. Milton Erickson ist ein schönes Beispiel für einen Menschen der Fülle und Freude. Er hatte in jungen Jahren Kinderlähmung und unter den Folgen zu leiden. Seit seinem 66. Lebensjahr war er auf den Rollstuhl angewiesen. „Er hatte gewaltige Schmerzen, die von den Nachwirkungen der Kinderlähmung herrührten, und eine ganze Reihe anderer körperlicher Gebrechen. Er war so gut wie an allen Gliedmaßen gelähmt: Er konnte den rechten Arm kaum und den linken nur beschränkt gebrauchen; die Beine leisteten keinen echten Dienst; das Zwerchfell war nur zur Hälfte funktionstüchtig; die Lippen waren teilweise paralysiert (gelähmt) und die Zunge war disloziert (lag schief im Mund). Ein künstliches Gebiss konnte er nicht tragen ... Obwohl er an so vielen körperlichen Beschwerden litt, war Erickson doch einer der lebensfreudigsten Menschen, die man sich vorstellen kann. Er genoss seine Tage und war ein echter „Lebenskünstler". Er war ein freundlicher, mitfühlender, rücksichtsvoller Mensch. Er lachte viel und konnte strahlend und liebenswürdig lächeln. Wenn ihn etwas amüsierte, hatte er eine ansteckende Art, in sich hineinzulachen.

Milton Erickson konnte auf eine hinreißende Art andächtig staunen. Er war ein überaus positiver Mensch ... Zu dieser Haltung ermutigte er auch seine Patienten. Alle positiven Veränderungen, die jemand zuwege brachte, freuten ihn. Wenn dem Patienten etwas Positives gelang, ... freute er sich, staunte und war sehr stolz auf den Erfolg seines Patienten ... Er zeigte seine Freude darüber, dass der Betreffende neue Möglichkeiten und innere Kräfte für sein Leben erschlossen hatte." [26]

Empfehlung:
Sich und andere anerkennen

Können wir etwas tun, um Lebensfreude und Zufriedenheit zu erreichen?

Wenn ich an Milton Erickson denke und an viele andere Menschen, die ich gekannt habe und kenne, so hat Zufriedenheit und Lebensfreude viel mit dem Lebensreichtum des tätigen Menschen zu tun, mit Tätigkeiten, die unseren Möglichkeiten und Fähigkeiten entsprechen, und mit der Anerkennung, die wir geschenkt bekommen und uns selbst geben.

Eine Kollegin sagte in einem Fortbildungskurs, in dem wir in Kleingruppen gearbeitet haben, nach jeder Übung: „Das haben wir gut gemacht", obwohl wir Anfänger waren. „Das habe ich gut gemacht, das hast du gut gemacht", das ist ein wichtiger Satz, den wir uns selbst und anderen immer wieder sagen können.

Empfehlung:
Sich vielseitig betätigen

Die Philosophin Margarete Eberhardt [27] sagt, das Ziel, das wir Menschen anstreben können, ist ein möglichst hoher funktioneller Lebensreichtum insgesamt. Wenn wir das tun, was unseren Fähigkeiten und Möglichkeiten entspricht, erleben wir Freude und Zufriedenheit. Wir fühlen uns wohl, wenn wir uns vielfältig, ganzheitlich betätigen, wenn möglichst viele unserer Fähigkeiten genutzt werden. Das heißt nicht, dass wir ständig in Aktion sein müssen. Unsere Bedürfnisse auszuruhen, zu faulenzen, zu schlafen, einfach dazusein, sind genauso wichtig zum Wohlfühlen wie körperliche und geistige Aktivitäten. Es geht um einen der momentanen Situation angemessenen Funktionsreichtum. Wie wohltuend ist es, nach anstrengender Arbeit am Abendbrottisch zu sitzen, zu schmausen, zu plaudern, sich auszuruhen und früh zu Bett zu gehen, wie erfrischend nach Stunden am Schreibtisch einen Gang durch den Wald zu machen oder im Garten zu arbeiten, wie belebend nach Stunden oder Tagen des Alleinseins den geliebten Mann wieder an sein Herz zu drücken, wie stärkend auch und erholsam nach Tagen der Gemeinsamkeit wieder allein zu sein und den eigenen Gedanken ihren Lauf zu lassen. Was für jeden gut und richtig ist, kann nur jede und jeder selbst wissen. Es gehört manchmal Mut dazu, sich die eigenen Wünsche zu erfüllen, auch wenn der Partner nicht immer damit einverstanden ist.

Umfassende vielseitige Betätigung bedeutet für verschiedene Menschen oft sehr Unterschiedliches. Manche Männer und Frauen brauchen ständiges Muskeltraining, wollen stundenlang joggen, schwimmen oder Rad fahren. Andere sitzen lieber im Sessel und füllen im Laufe der Jahre eine Bibliothek mit gelesenen und bearbeiteten Büchern. Ein Bekannter ist ein passionierter Schachspieler, der sechs Stunden täglich mit dieser Leidenschaft ausfüllt. Andere engagieren sich über Jahre in der Kommunalpolitik und für gemeinnützige Vereine und finden im Kontakt mit politischen Freunden und Gegnern Anerkennung und Erfolg.

Eine Frau sammelt naive Hinterglasmalerei und übt diese schöne Kunst selbst aus. Manche Männer und Frauen lieben es vielseitig und abwechslungsreich, probieren immer wieder Neues, lieben Abenteuer und Überraschung. Andere sind ruhig und gleichmäßig wie ein Fluss in der Ebene und mögen ein behagliches Miteinander. Für manche ist die Paarbeziehung der zentrale Bereich ihres Lebens, anderen ist sie nur ein Kämmerchen im vielräumigen Lebenshaus.

Und alle haben das Recht, ihr Leben in der für sie eigenen und passenden Art zu gestalten und das zu tun, was für jeden und seine Welt, für jede und ihre Welt gut und richtig ist. Und wenn zwei sich finden mit ähnlichen Wünschen, Interessen und Vorlieben, kann es gut gehen, auch wenn sie nur eine Stunde am Tag zusammen sind.

Starke Frauen, schwache Männer

Die patriarchalische Tradition der Mann-Frau-Beziehung kommt in Goethes Versen zum Ausdruck:

Der Frauen Zustand ist beklagenswert
Zu Haus und in dem Kriege herrscht der Mann
Und in der Fremde weiß er sich zu helfen.
Ihn freuet der Besitz, ihn krönt der Sieg,
Ein ehrenvoller Tod ist ihm bereitet.
Wie eng gebunden ist des Weibes Glück!
Schon einem rauhen Gatten zu gehorchen
Ist Pflicht und Trost . . . [28]

Dieses Bild von Mann und Frau galt für den Adel und das gehobene Bürgertum, für die Masse des Volkes, der Bauern, Arbeiter und Handwerker, war es so, wie ich es in den dreißiger Jahren erlebt habe: Männer und Frauen arbeiteten viel und hart, die Männer in ihrem Beruf als Arbeiter in der Fabrik oder Landwirtschaft, als Handwerker und Geschäftsleute, die Frauen in Haus und Garten, im Stall und auf den Feldern. Familien mit fünf bis zehn Kindern gab es viele, Kleinfamilien mit ein bis zwei Kindern waren selten. Dieses einfache, oft karge und ärmliche Leben konnten nur starke und ausdauernde Frauen und Männer gut bestehen.

Ist es heute wesentlich anders? Auch heutzutage ist es für eine lebendige Paarbeziehung gut, wenn Mann und Frau gleichermaßen kraftvoll und lebendig sind und das große Unternehmen einer Ehe und Familie gemeinsam anpacken.

Veränderungen durch die Weltkriege

Die Kraft und Autorität der Männer in den Nachkriegsgenerationen ist durch die beiden Weltkriege mit den vielen Millionen toten, verwundeten und vermissten Männern geschwächt. Es ist eine wichtige Aufgabe beim Familienstellen, die Verbindung eines Mannes mit dem früh gestorbenen Vater und den Großvätern mit Hilfe von Stellvertretern herzustellen und dadurch seine Kraft und Kompetenz als Mann und Vater zu regenerieren.

65 Millionen Soldaten zogen auf beiden Seiten der kriegführenden Mächte in den Ersten Weltkrieg. 8,5 Millionen sind gefallen, 21 Millionen wurden verwundet, 7,8 Millionen gefangen oder vermisst.

Im Zweiten Weltkrieg fielen von 110 Millionen Soldaten 27 Millionen. Dazu kommen 25 Millionen Tote der Zivilbevölkerung.

In meinen Therapiekursen ist es „normal", dass die Teilnehmer/innen über tote, verwundete, gefangene und vermisste Opfer in ihren Familien berichten.

Mein Bruder Klaus wurde im Sommer 1944 mit 18 Jahren eingezogen, zum Nahkampf ausgebildet und in den letzten acht Wochen des Krieges an der Ostfront eingesetzt. Von den 400 Soldaten seines Bataillons haben mein Bruder und sieben Kameraden den Grabenkrieg mit Angriff und Gegenangriff unverletzt überstanden. 200 junge Männer waren nach zwei Monaten gefallen, die anderen verwundet oder vermisst.

Die durchschnittliche Lebenserwartung eines deutschen Soldaten an der Ostfront betrug zwei Wochen bis drei Monate.

Frauen hatten in den Kriegen und danach mehr Möglichkeiten, sich zu entfalten, Männerberufe auszuüben, zu studieren, die Landwirtschaft, den Handwerksbetrieb, das Geschäft zu leiten. 1943 habe ich zum ersten Mal eine Frau in Hosen gesehen. Sie ging auf einem Bahnsteig hin und her –

in einer Männeruniform mit Hosen! Unerhört! Wir Schüler schauten ihr gebannt zu. Sie zog eine Schachtel Zigaretten aus der Hosentasche, steckte eine Zigarette zwischen ihre knallrot bemalten Lippen und ging rauchend auf dem Bahnsteig auf und ab. Ein Skandal, ungeheuer, eine öffentlich rauchende Frau in Hosen! Und kein Mann, der sie daran hinderte! Bis zum Ende des Krieges waren mehrere 100 000 Frauen in Uniform im Einsatz, bei der Flugabwehr, im Sanitäts- und Nachrichtendienst, beim Nachschub.

Millionen Männer kamen krank, verwundet, durch die Grauen des Krieges gezeichnet zurück. Die Frauen waren fremdartig anders, konnten mitreden, ließen sich nicht den Mund verbieten, beanspruchten mutiger gleiche Rechte, waren kompetent in vielen Bereichen und nicht mehr bereit, sich dem Mann unterzuordnen.

Die schnellen und radikalen Veränderungen in der Beziehung zwischen geschwächten Männern und erstarkten Frauen brachten große Belastungen. Viele Männer, die in meine Therapiegruppen kamen, waren ohne Vater und Großväter aufgewachsen, hatten keine klaren Muster männlichen Verhaltens kennen gelernt und fühlten sich in der Beziehung zu ihren selbständigen, starken Frauen überfordert. Die Schwächung und Belastung der Männer durch schwere Männerschicksale in der Generation der Eltern, Groß- und Urgroßeltern ist in der psychotherapeutischen Arbeit eine immer wiederkehrende Thematik.

Ein Mann, Herbert, berichtete: „Ich bin im Juni 1945 geboren. Meinen Vater kenne ich nicht, er ist sechs Monate vorher gefallen. Aufgewachsen bin ich bei meiner Großmutter mütterlicherseits, meiner Mutter und ihren beiden Schwestern in einem männerlosen Haushalt. Der Vater meiner Mutter ist im Ersten Weltkrieg gefallen."

Herbert, von vier Frauen großgezogen, zeigte seit seinem 16. Lebensjahr depressive und suizidale Verhaltensweisen. Er rauchte stark, trank zu viel Alkohol und hatte beim Bergsteigen und Motorradfahren mehrere lebensgefährliche Unfälle.

Bei der Familienaufstellung stand sein Stellvertreter zuerst in der Mitte des Kreises der vier Frauen, die ihn schützten und bewachten. Die Großmutter sagte: „Wenn wir nicht aufpassen, passiert etwas."

Als ein Stellvertreter für den gefallenen Vater außerhalb des Kreises der Frauen aufgestellt wurde, durchbrach der Stellvertreter von Herbert den schützenden Frauenwall und wollte beim Vater sein.

Zum Abschluss der Aufstellung standen hinter Herbert sein Vater, die Groß- und Urgroßväter und mehrere Onkel und Großonkel. Der Vater sagte: „Wir Männer!" und Herbert und alle Männer sagten mehrmals laut: „Wir Männer!" Die Männer umringten Herbert in dichten Kreisen und hielten ihn lange in ihrer Mitte.

Herbert sagte nach der Aufstellung: „Ich habe zum ersten Mal erlebt, ein Mann unter Männern zu sein."

Ein Mörder in der Familie

Manchmal liegen die schweren Schicksale der Männer lange zurück und wirken von den Großeltern auf die Enkel. Ronald berichtete: „Ich bin mit meinen beiden älteren Schwestern und meinen Eltern aufgewachsen. Meine Mutter ist eine starke Frau. Mein Vater hat sich nach ihr gerichtet, ich habe ihn schwach, fast unterwürfig erlebt. Wenn meine Mutter mit ihm zufrieden war, war er glücklich. Wenn er von der Arbeit kam, spielte er Schach, meistens allein, seit einigen Jahren mit einem Computer. An uns Kindern war er nicht interessiert. Ich habe nur zwei Erinnerungen vom Zusammensein mit meinem Vater; einmal haben wir bei einer Autofahrt an einem Gemüsefeld gehalten, Kartoffeln, Möhren und Weißkohl geklaut, an einem Baggersee ein Feuer gemacht und eine Suppe gekocht, die mir geschmeckt hat wie das beste Essen. Das andere Mal hat mir mein Vater ein Fotoalbum mit den Bildern seiner Vorfahren gezeigt. Sein Vater war SS-Offizier.

Meine erste Schwester ist magersüchtig und war dadurch mehrmals in Lebensgefahr. Die zweite Schwester wird wegen einer Depression mit Medikamenten behandelt.

Ein Jahr vor seinem Tod habe ich meinen Großvater besucht. Er hat aus der Kriegszeit erzählt und mir ein Geheimnis anvertraut, von dem meine Eltern und Schwestern nichts wussten. Mein Großvater war an der Erschießung jüdischer Frauen und Kinder beteiligt. Er musste das tun, sonst wäre er wegen Befehlsverweigerung erschossen worden, hat er gesagt. Ich habe das geglaubt.

Dazu die Familien-Aufstellung:

Bei der Aufstellung von Ronalds Herkunftsfamilie schauten die Eltern und die Kinder in eine Richtung.

1. Bild

V   = Vater
M   = Mutter
1   = erstes Kind, Tochter
2   = zweites Kind, Tochter
3   = drittes Kind, Sohn
VdV = Vater des Vaters
JO   = jüdische Opfer

Dazugestellt habe ich dann: Den Großvater und jüdische Opfer, zwei Frauen und vier Kinder.

2. Bild

Täter und Opfer schauten sich lange an. Der Stellvertreter des Großvaters war ungerührt, er sagte: „Ich musste das tun, wenn ich es nicht getan hätte, hätte es ein anderer getan." Der Großvater konnte nicht bei seiner Familie und den Opfern bleiben, er musste den Raum verlassen. Als er außerhalb des Raumes stand und die Tür geschlossen war, wurden die zwei Frauen und vier Kinder ruhig, legten sich nebeneinander auf den Boden und waren in Frieden.

Die Schwestern von Ronald waren voller Trauer, legten sich neben die ermordeten Kinder und waren ihnen in Liebe verbunden. Eine der beiden jüdischen Frauen sagte: „Nein, das ist nicht euer Platz, hier gehört ihr nicht hin, ihr habt keine Schuld an unserm Tod."

Die Mutter hob ihre Töchter auf, die Familie stand in einem Halbkreis vor den Opfern. Die Eltern und die drei Kinder verneigten sich vor jedem der sechs Opfer in Trauer und Erschütterung.

Wir verstehen jetzt besser, wie die schweren Schicksale der Vorfahren auf das Leben der Nachkommen wirken, auch wenn die Kinder und Enkel nichts davon wissen. Ronalds Vater, der nicht wusste, dass sein Vater an Verbrechen beteiligt war, lebte zurückgezogen mit seinem Schachspiel. Die ersten beiden Kinder, Ronalds Schwestern, versuchten stellvertretend durch ihre Krankheiten für die Taten ihres Großvaters zu sühnen und an seiner Stelle zu sterben und mit den Opfern im Tode vereint zu sein.

Die Lösung ist, dass die Enkel ihrem Großvater sagen: „Lieber Opa, wir achten dich als unseren Großvater. Das, was im Krieg geschehen ist, lassen wir bei dir. Nur du kannst die Schuld und die Folgen tragen. Wir verneigen uns vor eurem Schicksal."

Zum Abschluss einer solchen Aufstellung ist es oft gut, wenn die Eltern und Kinder sich umdrehen, den Großvater und die Opfer in ihrem Todesfrieden hinter sich lassen und ins Leben gehen. Dann kann die Belastung für die Kinder und Enkel durch die Verbrechen des Großvaters zur Ruhe kommen.

In einem anderen Fall berichtete eine Frau, dass ihr Vater depressiv und suizidal sei. Bei der Aufstellung stand der Stellvertreter des Vaters außerhalb der Familie und schaute auf den Boden. Die Tochter telefonierte am Abend mit ihrem Vater und erfuhr, dass er zehn Geschwister hatte und sieben im Kindesalter gestorben sind. Am nächsten Morgen konnten wir die Aufstellung fortsetzen und in den Blick des Vaters seine sieben toten Geschwister legen. Der Vater wollte wie ein Toter bei ihnen sein, legte sich zu ihnen und fühlte sich geborgen. Die Mutter ging nach einer Weile zu ihm und sagte: „Bleib noch, Theodor, bei mir und unseren Kindern, bleib noch, solange es uns geschenkt wird. Wir sterben früh genug, und du kannst dann bei deinen Brüdern und Schwestern sein." Der Vater konnte aufstehen und sich zu seiner Frau stellen. Er sagte: „Ich sehe dich jetzt erst richtig und sehe unsere Kinder. Vorher war mir, als ginge ich im Nebel, jetzt sehe ich euch klar. Ihr könnt euch auf mich verlassen, ich bleibe."

„Ich sehe dich jetzt erst richtig und sehe unsere Kinder", wird oft mit Erstaunen gesagt. Das Phänomen, dass jemand wie verschleiert, wie im Nebel durch die Welt geht, ist häufig bei Menschen, die wie in einer Dauertrance leben und die eigene Familie nicht sehen. Wenn sie gefragt werden, was in ihnen vorgeht, können sie keine genaue Auskunft geben, sie wissen meistens nicht, dass sie mit Personen ihrer Familie, die ein schweres Schicksal hatten, verbunden sind. Solche Auswirkungen können von Personen in der Generation der Eltern, Großeltern, der Urgroßeltern oder noch weiter zurück ausgehen. Über mehrere Generationen wirken besonders schwere Schicksale, zum Beispiel der Tod einer Urgroßmutter bei der Geburt ihres Kindes oder schwere Verbrechen wie Mord.

Empfehlung:
Schwere Schicksale erkunden

Wenn in Ihrer Familie ähnliche schwere Männerschicksale bestehen, haben Sie viele Möglichkeiten, die Männlichkeit und Väterlichkeit in sich zu kräftigen. Dazu gebe ich ein Beispiel von Bert Hellinger: Ein Mann war nach dem Soldatentod seines Vaters geboren und wuchs mit seiner Mutter auf; sie erzählte ihm von früher Kindheit an von seinem Vater, tausend kleine Geschichten. So wuchs er mit seinem Vater auf, er hat den Vater, er ist der Vater. [29]

Sicher gibt es Verwandte oder Freunde und Nachbarn Ihres gefallenen Vaters oder der Großväter oder Onkel, die Ihnen über früh Gestorbene berichten können. Vielleicht gibt es Briefe der Gefallenen, Fotos oder andere Dokumente, durch die Sie im Laufe der Zeit ein vollständigeres Bild Ihrer Verwandten bekommen. Fahren Sie in die Heimat der Vorfahren, gehen Sie spazieren, wo die Ahnen gelebt haben, besuchen Sie vielleicht das Land und die Orte, wo Ihre Vorfahren in den Kriegen waren und gestorben sind.

Und stellen Sie sich vor, hinter Ihnen stehen sieben Generationen von Männern, Ihr Vater, zwei Großväter, vier Urgroßväter, acht Ururgroßväter, 16 Urururgroßväter, 32 Ururururgroßväter, 64 Urururururgroßväter. Wenden Sie sich um und schauen Sie den Vater, die Großväter und alle 127 männlichen Ahnen an. Sehen Sie in inneren Bildern, wie sie stehen, sitzen, liegen oder herumgehen, verweilen Sie einige Zeit bei den lebenden und toten Ahnen, vielleicht bekommen Sie eine Botschaft, ein Wort, ein Bild und das Wissen und Fühlen, als Mann unter Männern zu sein und die Männlichkeit und Väterlichkeit der 127 Männer in sich zu vereinigen. Von allen ist etwas in Ihnen, alle gehören zu Ihrem Lebensstrom, und die Ahnen freuen sich, wenn es den Kindern und Enkeln gut geht.

Empfehlung:
Männer stärken sich bei Männern, Frauen bei Frauen

Pflegen Sie Männerfreundschaften, unternehmen Sie etwas nur mit Männern, und laden Sie im Zusammensein mit Männern Ihre Männlichkeit auf. Frauen erfreuen sich an starken Männern.

Für Männer gibt es viele Möglichkeiten, unter Männern zu sein: den Fußball- oder Boxclub, Skat- und Kegelrunden, kommunal- und parteipolitische Gruppen, den Männerstammtisch in der Kneipe oder wissenschaftlichen Konferenzen; alle geben neben den verschiedenen Inhalten Männern die Möglichkeit, ihre Männlichkeit gleichsam aufzuladen und so gestärkt zu ihren Frauen zu gehen.

Das Gleiche gilt für Frauen. Auch ihnen tut es gut, immer wieder mal unter Frauen zu sein, die Weiblichkeit aufzuladen und erfrischt und gestärkt zu ihren Männern zu gehen. Das gilt besonders für Frauen, die in der Männerwelt arbeiten.

In meiner Herkunftsfamilie war es nicht erlaubt, sich im Streit tätlich zu wehren. Schwächere Klassenkameraden konnten mich schlagen und treten, und ich war wehrlos. Als Student habe ich sportlich faires Boxen gelernt. Ich konnte den gleich starken Gegner anschauen, mit den dick gepolsterten Handschuhen seinen Oberkörper und Kopf treffen und wurde von ihm geboxt. Seitdem kann ich mich wehren.

Trennung vom Partner

Durch unbewältigte Trennungsschmerzen, Trauer und Hass kann eine Beziehung über Jahre und Jahrzehnte bestehen bleiben. Eine Frau wurde mit 28 Jahren durch den Soldatentod ihres Mannes Witwe. Noch heute trägt sie Trauerkleidung und verbringt mehrere Stunden täglich in dem Gedächtniszimmer, das sie mit Gegenständen ihres Mannes von den Socken bis zur Paradeuniform eingerichtet hat.

Ein Mann, der von seiner Frau verlassen wurde, sinnt seit Jahren fantasievoll auf Rache. Im Gespräch ist dieses Thema so vorherrschend, dass er nur noch mit einem Freund, dem es ähnlich ergangen ist, Kontakt hat: Die beiden bemitleiden sich gegenseitig und planen die Gründung eines Vereins für verlassene Männer.

Diese Trauerfrauen und Rachemänner sind nicht fähig, neue Liebesbeziehungen herzustellen, sie bleiben in Trauer und Hass an ihre früheren Partner gebunden.

Ich hasse ihn, ich liebe ihn immer noch

Eine Frau, Lore, war in ihrer ersten Liebesbeziehung schwanger geworden. Kurz vor der Geburt des Kindes trennte sich ihr Freund wortlos von ihr. Diese lieblose Trennung und schwere Kränkung konnte Lore jahrelang nicht verschmerzen. Sie wurde von anderen Männern umworben. Doch sie spürte, es ging nicht: Ihre erotischen Wünsche waren erstorben. Wenn sie von dem Vater ihres Sohnes sprach, sagte sie nur: „Mein Ex; ich wollte, er wäre gestorben. Das wäre leichter gewesen, und ich hätte meinem Sohn ein gutes Vaterbild vermitteln können. Zum dritten Geburtstag von Leo hat sich mein Ex gemeldet und gesagt: „Ich möchte meinen Sohn sehen." Ich war empört und habe mir die Unterstützung des Jugendamtes geholt, um das zu verhindern. Er soll seinen Unterhalt zahlen und damit basta!"

Bei der Aufstellung gab es eine erschütternde Szene. Lore stand bebend vor Hass und Schmerz mit geballten Fäusten vor dem Stellvertreter ihres Mannes, schrie ihren Hass aus sich heraus und weinte bitterlich. Nach einer Weile kamen die Worte: „Ich habe dich doch geliebt. Wie konntest du mich verlassen. Ich liebe dich noch immer." Der Stellvertreter des kleinen Leo wollte beide Eltern haben. Als er zwischen ihnen stand, war er glücklich. Der Mann sagte unter Tränen: „Lore, ich habe dich nicht gesehen und unseren Sohn nicht. Ich weiß nicht, was mit mir war. Jetzt sehe ich dich und Leo."

Eine Befreiung ist es, wenn die Partner sich nach einer Trennung sagen können: „Ich habe dich geliebt und war glücklich mit dir. Ich danke dir für deine Liebe. Das größte Geschenk unserer Liebe ist unser Kind. An dem Scheitern unserer Beziehung nehme ich meinen Anteil und lasse dir deinen und lasse dich jetzt als meinen Mann in Frieden. Wir sind Leos Eltern, er braucht uns beide." Nach einer solchen Trennung in Liebe sind die Partner frei für eine neue Beziehung.

Als Lore nach dem Kurs zu Hause eintraf, fand sie einen Brief ihres früheren Freundes bei der Post. Er schrieb: In den vergangenen drei Tagen und Nächten habe ich oft an dich und Leo denken müssen. Ich kann es nicht fassen, wie lieblos ich vor fünf Jahren war. Ich wollte dir nur sagen: Es tut mir Leid, Erich.

Es dauerte noch ein halbes Jahr, bis Lore zulassen konnte, dass Erich und Leo regelmäßig Kontakt hatten und Leo sich freute, wenn der Vater ihn abholte. Lore hatte inzwischen einen neuen Freund und fand es praktisch, zwei Wochenenden im Monat, wenn Leo beim Vater war, mit ihrem Geliebten allein sein zu können.

Empfehlung:
Der gute Abschied

Die Liebe macht uns frei. Und doch, eine Trennung in Liebe ist selten, weil sie schmerzhafter ist als eine Trennung oder gar ein Zusammenleben in Hass und Streit. In der Liebe sind wir verletzlicher und empfindsamer als im Streit.

Unsere Emotionen zeigen sich gleichsam in dreifacher Schichtung. In der obersten, am leichtesten zugänglichen Schicht sind aggressive Gefühle. Wenn sie wie bei Lore rausgelassen werden, folgen in der zweiten Schicht Trauer und Schmerz und in der dritten die verborgene, ursprüngliche Liebe.

Beim Familienstellen ist es leicht, die ursprüngliche Liebe wiederzufinden. Wenn am Schluss einer Familienaufstellung das Lösungsbild der geordneten Ganzheit mit seiner heilenden Kraft gefunden worden ist, in dem alle, die zur Familie gehören, einen guten Platz haben, und wenn der Klient seinen Platz in der Aufstellung einnimmt, sage ich oft: „Sprich deine Eltern an, wie du sie als kleiner Junge mit vier Jahren angesprochen hast." Mit den Worten des Kindes tauchen die verdrängten Gefühle wieder auf, und ein erwachsener Mann sagt: „Papa, ich war so allein, ich wollte bei dir sein, mit dir spielen und auf deinem Schoß sitzen." Und der Sohn kann seinen Vater in Liebe nehmen.

Wenn eine Frau einen oder mehrere wichtige Partner hatte, gehören diese Partner zu ihr. Wenn sie verachtet werden und die gemeinsame Zeit der Freundschaft und Liebe nicht geschätzt wird, bleibt eine belastende Bindung bestehen. Diese Belastung wirkt negativ auf eine neue Beziehung. Es ist also im eigenen Interesse, für frühere wichtige Beziehungen eine gute Lösung herbeizuführen. Das kann in einem Gespräch mit dem früheren Mann erfolgen oder durch einen Brief oder, wenn das nicht möglich ist, in einem inneren Vorgang: Stellen Sie sich Ihren früheren geliebten Freund vor und sagen Sie die Abschiedssätze:

„Danke für deine Liebe. Ich habe dich auch geliebt. Unsere Liebe ist ein Schatz, den ich achte. Das Gute bleibt. An dem Scheitern unserer Beziehung übernehme ich meinen Teil und lasse dir deinen und lasse dich jetzt in Frieden, lass du mich auch in Frieden." So bekommt ein früherer geliebter Mann einen guten Platz im Herzen der Frau und sie ist frei für eine neue Beziehung.

Die Geheimhaltung des Intimen

In einer neuen Partnerschaft ist es wichtig, dass beide Partner respekt- und liebevoll über ihre früheren wichtigen Beziehungen sprechen, ohne Intimitäten mitzuteilen. Die Einzelheiten der intimen Liebeserfahrungen in früheren Beziehungen müssen als Geheimnis gehütet werden. Der Mann ist an den früheren wichtigen Beziehungen seiner neuen Partnerin interessiert. Diese Männer haben die Frau geliebt, die er liebt. Er kann sie in ihrer Liebe verstehen und achten und auch die Schmerzen der Trennung verstehen, die sie mitgemacht haben. Genauso ist die Frau an den früheren wichtigen Partnerinnen ihres Mannes interessiert. In einer solchen Haltung wird man nicht von dem Ex oder der Exfrau sprechen, sondern von der früheren geliebten Frau, dem früheren geliebten Mann.

Wenn eine Beziehung zu Ende geht, suchen die Partner manchmal in endlosen Gesprächen nach Gründen für das schmerzliche Ereignis, machen sich gegenseitig Vorwürfe, suchen nach frühen Anzeichen für spätere Zerwürfnisse, finden die Schuld bei sich selbst oder beim Partner, und die glückliche Zeit der Liebe geht unter in der langen Beschäftigung mit dem Leid der Verlassenheit. Keiner kommt auf die Idee, beim Beginn einer Liebesbeziehung in ähnlicher Intensität nach den Gründen für das glückliche Geschehen zu fragen. Es wird hingenommen als glückliches Geschick oder als Fügung des Himmels. Wenn nach Gründen für das Ende einer Liebesbeziehung gefragt wird, genügt es zu sagen: Unsere Beziehung ist mir zu schwer geworden. Ich kam mir vor wie ein müder Ackergaul, der eine zu schwere Last zu ziehen hatte. Ich möchte allein sein und mit meinen kleinen Lasten beschwingt weitergehen. So wie ich den Anfang als ein glückliches Geschick genommen habe und das Miteinander als Zeit der Fülle und Freude, so nehme ich das Ende als Teil unseres Lebens und bin damit einverstanden.

So können wir bei einer Trennung sagen: Wir haben eine schöne Zeit der Liebe gehabt. Unsere Liebe ist ein Schatz, der bleibt. Das Gute unserer Jahre nehme ich mit, das Schlimme und Schwere lasse ich am Wege liegen und vergesse es.

Ich brauche keine Gründe und keine Schuldvorwürfe mir oder dir gegenüber. Es fing liebevoll an, wir haben uns beschenkt und reich gemacht, dann ging es zu Ende. Ich gehe meinen Weg allein weiter. Vielleicht treffe ich jemand, der ein kurzes oder langes Stück mit mir gehen mag. Ich nehme es, wie es mir geschenkt wird.

Und wenn wir uns wiedersehen, möchte ich dich als meine frühere geliebte Frau umarmen und dir freundschaftlich verbunden bleiben, wenn auch die Leidenschaft vergangen ist.

Kinder aus früheren Beziehungen

Wo sind Kinder aus früheren Beziehungen am besten aufgehoben?

Nach den Ordnungen der Liebe von Bert Hellinger ist diese Frage leicht zu beantworten: Wenn die Frau sagt: „Mein Mann ist ein guter Vater", und der Mann: „Meine Frau ist eine gute Mutter", dann sind die Kinder bei beiden Eltern gut aufgehoben.

Wenn die Frau sagt: „Mein Mann ist ein schlechter Vater, ich werde alles tun, um zu verhindern, dass meine Kinder Kontakt mit ihm haben", der Mann dagegen feststellt: „Meine Frau ist eine gute Mutter", dann sind die Kinder gut beim Vater aufgehoben: er ist liebevoll in der Beziehung zur Frau und Mutter, und das ist gut für Eltern und Kinder.

Wenn der Mann sagt: „Meine Exfrau ist eine schlechte Mutter, die Kinder müssen zu mir", und die Frau: „Mein früherer Mann ist ein guter Vater", dann sind die Kinder gut bei der Mutter aufgehoben, denn sie achtet den Vater der Kinder, und das ist gut für Kinder und Eltern.

Wenn der Mann sagt: „Meine Exfrau ist eine schlechte Mutter" und die Frau: „Mein Ex ist ein schlechter Vater", dann sind die Kinder besser bei Verwandten, Pflegeeltern oder in einem Kinderdorf aufgehoben: denn der Mann achtet nicht die Mutter und damit auch nicht die Kinder: denn die Mutter ist ja in den Kindern, und die Kinder sind die Mutter. Und die Frau achtet nicht den Vater und damit auch nicht die Kinder: denn der Vater ist ja in den Kindern, und die Kinder sind der Vater.

Am schönsten ist es für die Kinder, wenn der Vater zu ihnen sagt: „Wenn ich euch sehe, sehe ich meine Liebe zu eurer Mutter in euch", und die Mutter das Gleiche entsprechend zu den Kindern sagt.

Eine geschiedene Frau mit sechsjähriger Tochter lernte einen Mann kennen. Der wollte nur die Frau, die Tochter war ihm lästig. Die Frau trennte sich sofort von dem Mann. Sie wollte einen Partner für sich und einen väterlichen Freund für ihre Tochter. Die Männer, die sie in den folgenden zwei Jahren kennen lernte, betrachtete sie auf dieses zweifache Ziel hin. Der passende Mann, den sie gefunden hat, freut sich, dass er eine Frau mit Kind lieben kann. Die Erziehung des Kindes ist Aufgabe der Mutter und des in der Nähe wohnenden leiblichen Vaters. Der neue Mann mischt sich nicht ein. Er maßt sich nicht an, ein besserer Vater als der leibliche zu sein. Er begnügt sich mit der schönen Rolle, der Mann seiner Frau und ein väterlicher Freund für ihre Tochter zu sein.

Ein Mann heiratete eine Frau mit drei Kindern aus erster Ehe und setzte sich voll ein für die Familie; übernahm Aufgaben, die der geschiedene Mann nicht mehr übernehmen konnte. Diese Fürsorge für die große Familie war auch eine Last für die Mutter und ihren zweiten Mann und führte manchmal an den Rand ihrer Kräfte. Sie erschöpften sich in der Arbeit für die Kinder. Die Liebe des Paares kam zu kurz. In dieser Situation war es hilfreich, dass die Mutter der drei Kinder zu ihrem zweiten Mann sagte: „Ich schätze es sehr, dass du dich so selbstverständlich und liebevoll für meine Kinder und unseren Haushalt einsetzt, obwohl es nicht deine Pflicht ist. Dies ist ein besonderes Geschenk deiner Liebe zu mir. Ich bin glücklich, dass du mein Mann bist, gerne bin ich deine Frau."

Die Frau konnte mit dem leiblichen Vater vereinbaren, dass er die Kinder regelmäßig zu sich nahm, sodass das Paar genügend gemeinsame Zeit hatte. In dieser Familie mit drei Kindern der Frau aus ihrer ersten Ehe hat die Beziehung der Kinder mit der Mutter Vorrang vor der Beziehung der Mutter zu ihrem zweiten Mann.

Dramatische Schicksale

Während meiner Arbeit in einem Gefängnis-Krankenhaus und in psychiatrischen Kliniken habe ich viele Menschen mit besonders schweren Schicksalen kennen gelernt. Die meisten kamen aus zerrütteten Familien, in denen Männer gewalttätig gegenüber Frauen und Kindern waren, in denen Armut, Krankheiten, Sucht und der Verlust des Vaters oder beider Eltern das Leben der Kinder extrem belasteten. Viele Straftäter und psychisch Kranke sind in Heimen aufgewachsen.

Die Männer und Frauen mit diesen schlimmen Erfahrungen wagen oft nicht, sich mitzuteilen, schämen sich ihrer Herkunft und versuchen, die Last ihrer Kindheit zu verheimlichen und allein zu tragen. Hier sind geduldige, liebevolle Gesprächspartner, die ohne zu urteilen und zu richten ihren Klienten zuhören, eine große Hilfe, um aus der Vereinzelung zu kommen. In meiner 40-jährigen Praxis hatte die therapeutische Männer-, Frauen- oder die gemischte Gruppe eine große heilende Kraft. Manche Klienten mit besonders schweren Schicksalen hörten einige Monate lang nur zu und erkannten, dass auch die anderen in der Gruppe ähnliche schlimme Erlebnisse hatten. Eine Frau sagte: „Mit den Erfahrungen meiner Kindheit kam ich mir vor wie ein Monster, jetzt weiß ich, dass ich eine normale Frau bin, und erlebe in der Gruppe, dass wir alle in einem Boot sitzen."

In den Kursen für das Familienstellen wird das gemeinsame Menschenschicksal über mehrere Generationen vom ersten Tag an intensiv dargestellt und erlebt, sodass manche Teilnehmerinnen wagen, auch schlimmste Familienschicksale mitzuteilen: ein Mann konnte in seinem dritten Kurs berichten, dass sein Vater ein Mörder war. Frauen trauen sich, sexuellen Missbrauch oder Abtreibungen mitzuteilen. Diese Berichte und die freundliche Anteilnahme in der Gruppe geben Mut, um die Familie mit den schweren Schicksalen aus mehreren Generationen aufzustellen, die Verstrickungen zu erkennen und gute Lösungen zu finden.

Sexueller Missbrauch

Eine Frau, die in ihrer Kindheit oder Jugend sexuellen Missbrauch erlitten hat, ist manchmal nicht fähig, eine sexuelle Liebesbeziehung lustvoll zu erleben, sodass eine Paarbeziehung belastet oder unmöglich ist.

Die Erfahrungen von Bert Hellinger können zur Selbsthilfe, zur Kurzzeittherapie in der Einzel- oder Paarberatung oder in einem Kurs für das Familienstellen genutzt werden.

Ein Freund erzählte mir: „Meine Tochter Mimi behauptet, ich hätte sie jahrelang sexuell missbraucht. Ich habe ihr gesagt, es stimmt und es stimmt nicht. Ich habe deine Liebe zu mir missbraucht, als ich deine Mutter und dich verlassen habe und wie verrückt einer anderen Frau nachgelaufen bin. Von einem sexuellen Missbrauch kann keine Rede sein."

Mimi blieb bei ihrer Behauptung: „Du hast mich schon in den ersten Lebensjahren sexuell missbraucht!"

„Wie kommst du darauf?"

„Das hat meine Therapeutin herausgefunden. Ich hatte einen Traum, in dem ich von einem Mann verfolgt wurde: Er wollte mich packen, vergewaltigen und ermorden. Meine Therapeutin hat gesagt: ‚Das ist eindeutig. Sie sind von Ihrem Vater in der frühen Kindheit sexuell missbraucht worden.'"

„Deine Therapeutin ist unfähig und missbraucht die therapeutische Beziehung. Unfähig ist sie, weil sie nicht genug von Trauminterpretation versteht, und sie missbraucht die therapeutische Beziehung, weil sie die Liebe zwischen deinem Vater und dir nicht achtet."

Der Freund besuchte ein Seminar für das Familienstellen und stellte seine Gegenwarts- und Herkunftsfamilie auf. Dabei kam die Liebe zwischen ihm und seiner Tochter Mimi zum Ausdruck. Die Stellvertreterin der Tochter sagte: „Papa, das war schrecklich, dass du plötzlich weg warst und Mama und mich allein gelassen hast. Ich war noch so klein."

Der Vater sagte: „Ja, es war schlimm, ich habe eure Liebe zu mir und meine Liebe zu euch missachtet. Ich habe euch sehr weh getan. Heute tut es mir Leid."

Einige Wochen nach diesem Seminar bekam mein Freund einen Brief von seiner Tochter: „Lieber Papa, als ich dir vorgeworfen habe, dass du mich missbraucht hättest, hast du mir zugestimmt und gesagt: ‚Ja, es stimmt, ich habe deine Liebe zu mir missbraucht, indem ich euch verlassen habe. Von einem sexuellen Missbrauch kann keine Rede sein.' Mir hat deine Antwort gut getan, du hast mir Recht gegeben und hast die Unterstellung von mir und meiner Therapeutin zurückgewiesen. Das war gut und heilsam für mich. Es tut mir Leid, dass ich dich beschuldigt und verurteilt habe. Ich möchte dich an deinem Geburtstag besuchen, mit dir die alten Wege gehen und wie früher mit dir plaudern, deine kleine und große Tochter Mimi."

In meinen Kursen für das Familienstellen sind immer wieder Frauen, seltener Männer, die sexuell missbraucht worden sind: Vom Vater, Stiefvater, Großvater, von einem Onkel oder älteren Bruder, von einem Nachbarn. Es gibt leichtere und schlimmere Formen von sexuellem Missbrauch. Ein sechsjähriges Mädchen musste einige Male den Penis des Großvaters anfassen.

Eine Mutter kam öfter morgens nackt in das Bett ihres zehnjährigen Sohnes, um sich mit ihm zu kuscheln und verführte ihn zu Petting und Zungenküssen.

Ein Junge wurde vom 12. Jahr an drei Jahre lang von seinem Adoptivvater durch Analverkehr missbraucht. Die Adoptivmutter war dabei. Wenn der Junge nicht willig war, wurde er geschlagen.

Ein Mädchen hatte seit dem vierzehnten Lebensjahr eine sexuelle Liebesbeziehung mit ihrem Vater. Sie fühlte sich gegenüber der Mutter bevorzugt und meinte, die bessere Frau des Vaters zu sein und genoss diese Sonderstellung. Ihre Schuldgefühle sprachen eine andere Sprache. Sie fühlte sich gegenüber der Mutter, die von ihrer Beziehung zum Vater anscheinend nichts wusste, so schuldig, dass sie depressiv und suizidal wurde. Mit 21 Jahren hat sie die Beziehung zu ihrem Vater beendet.

Ein Mädchen wurde ab dem sechsten Lebensjahr vom Vater durch Vergewaltigung missbraucht; das Kind wollte sich das Leben nehmen. Mit 16 Jahren flüchtete sie aus dem Elternhaus und wohnte weit entfernt bei Verwandten. Sie fühlte sich schuldig, schmutzig und verdammt. Glücklicherweise lernte sie einen Mann kennen, mit dem sie eine liebevolle platonische Freundschaft hatte. Später hat sie geheiratet.

Auch die leichteren Formen von sexuellem Missbrauch können das Selbstbewusstsein und das soziale Verhalten eines Kindes extrem belasten. Wobei oft das Schlimmste ist, dass es die Last allein trägt und nicht wagt, sich jemand anzuvertrauen. Zu zweit oder auch in einer Therapiegruppe über diese schlimmen Erfahrungen zu sprechen, erleichtert und führt zurück aus der Vereinzelung in die Gemeinschaft. In den Kursen für das Familienstellen besteht schon nach wenigen Stunden eine vertrauensvolle Atmosphäre, in der manche schlimmen Geheimnisse mitgeteilt werden können. Die Behandlung bei sexuellem Missbrauch ist oft einfach. Ich sage zu der Kursteilnehmerin: „Bitte jemand aus der Gruppe, die Rolle deines Vaters, der dich missbraucht hat, zu übernehmen und wähle jemand für deine Mutter aus." Die Stellvertreter der Eltern stehen nebeneinander, die Tochter steht den Eltern im Abstand von etwa zwei Metern gegenüber. Ich frage die Tochter: „Wie hast du deine Eltern als Kind angesprochen?"

„Mama und Papa."

„Sag deinen Eltern: ‚Papa, was geschehen ist, lasse ich bei dir. Ich bin euer Kind, ich bin ganz unschuldig. Ihr seid die Großen, ihr müsst die Schuld und die Folgen tragen, nur ihr könnt sie tragen.' Nach diesen Befreiungssätzen folgen sofort oder später die Sätze: ‚Das Gute, das ich von euch bekommen habe, nehme ich dankbar an, vor allem das Geschenk des Lebens. Ich nehme es mit allem Drum und Dran und mache was Gutes daraus, euch zur Freude. Ihr seid meine richtigen Eltern, und ich bin euer Kind.'"

Diese Sätze führen meistens sofort zu einer Befreiung von der Belastung durch den sexuellen Missbrauch und die dadurch auch beim Kind entstandenen Schuldgefühle. Eine Frau strahlte nach diesen Befreiungssätzen und sagte: „Jetzt kommt die nackte Lebenslust!"

In manchen Fällen von sexuellem Missbrauch reichen die Befreiungssätze nicht aus. Es ist gut, eine Familienaufstellung zu machen und die schweren Schicksale in der Familie zu erkennen.

Frieda, 28 Jahre, war in einem Kurs für das Familienstellen bei Gunthard Weber und mir. Sie wollte keine Aufstellung machen, weil sie keine Erinnerungen aus den ersten 14 Jahren ihres Lebens hatte und meinte, dann ginge das nicht. Am letzten Tag sagte sie, sie möchte doch versuchen, ihre Familie zu stellen, und wollte neben der engeren Familie mit Vater, Mutter und den Geschwistern unbedingt den Großvater mütterlicherseits und einen Bruder des Vaters aufstellen. Als ihre Stellvertreterin wählte sie eine junge Frau, die wegen sexuellen Missbrauchs durch ihren Vater in den Kurs gekommen war und ihre Familie schon gestellt hatte.

Als Frieda die Familie aufgestellt hatte und ihre Stellvertreterin gefragt wurde: „Wie geht es dir an diesem Platz?" sagte sie: „Von dem, dem und dem bin ich sexuell missbraucht worden", und zeigte auf den Großvater, den Vater und seinen Bruder.

Einige Wochen nach dem Kurs bekamen Gunthard Weber und ich einen Brief von Frieda. Sie schrieb uns, dass sie ihr Gedächtnis wiedergefunden habe und alles stimme, was ihre Stellvertreterin bei der Aufstellung gesagt hatte. Sie sei befreit von einer schweren Last und habe ein neues Leben begonnen.

In vielen Fällen von sexuellem Missbrauch eines Kindes durch einen Mann handelt es sich um einen schwachen Mann, der durch schwere Schicksale in seiner Herkunftsfamilie geschwächt und nicht in der Lage ist, als Mann eine Frau zu nehmen und zu lieben, sondern sich seine sexuellen Wünsche nur in der Beziehung zu einem Kind erfüllen kann.

Während meiner ärztlichen und therapeutischen Arbeit in einem Gefängnis kam es bei solchen wegen Inzest zu Haftstrafen verurteilten Männern zu erstaunlichen Besserungen durch die Psychotherapie in Männergruppen, in denen sie im Laufe von ein bis zwei Jahren gleichsam ihre Männlichkeit aufladen und lernen konnten, sich als Mann unter Männern zu verhalten.

Eine Haft ohne Therapie bringt meistens keine Besserung, zumal Straftäter, die wegen sexuellen Missbrauchs verurteilt sind, in der Gemeinschaft der anderen Straftäter wie Diebe, Einbrecher und Gewalttäter besonders schlecht angesehen sind. Sie werden von den Mitgefangenen verachtet und manchmal unterdrückt und misshandelt. Haftstrafe allein ist für Straftäter und für die Gesellschaft keine Hilfe. Die Alternative ist Therapie im Gefängnis, wie jahrzehntelange Erfahrungen in einigen holländischen Gefängnissen belegen, in denen 50 bis 60 Prozent der mit Psycho- und Soziotherapie behandelten schweren Straftäter nach der Entlassung nicht mehr rückfällig werden. Die hohen Kosten von etwa 500 Mark pro Tag sind gering im Vergleich zu den Kosten und Schäden, die durch rückfällige Straftäter entstehen.

Das Familienstellen mit Straftätern ist nach den seit einigen Jahren gemachten Erfahrungen eine wirkungsvolle Therapie. Durch sie kommen die Verstrickungen des Straftäters mit Personen in seiner Familie ans Licht, die in früheren Generationen schwere Schuld auf sich geladen haben. So wird eine Befreiung von den familiären Wiederholungszwängen möglich.

Empfehlung
Ein Befreiungs-Ritual

Wenn Sie als Kind oder Jugendliche sexuell missbraucht worden sind, können Sie in einem inneren Bild den Vater oder wer es war mit offenen Augen klar anschauen und die Befreiungssätze sagen, laut und kraftvoll und so oft, bis sie in Ihnen wirksam sind. Wenn sich danach nochmal Ängste und Schuldgefühle einschleichen, spreizen Sie die Finger der linken Hand und bewegen die Hand und den Arm mehrmals kraftvoll nach vorne und sagen bei jedem Armstoß laut: „Weg, weg, weg . . .", so oft, bis die alten Gefühle verschwunden sind. Diese Übung können Sie bei Bedarf wiederholen.

Bei besonders schlimmen Erfahrungen von sexuellem Missbrauch ist es gut, einen Kurs für das Familienstellen mitzumachen, um die heilenden Kräfte der Gruppe und der Aufstellung zur Unterstützung der eigenen Bemühungen zu nutzen. Gehen Sie in eine Aufstellungsgruppe, in der ungefähr gleich viele Frauen und Männer sind.

Wenn Ihnen ein sexueller Missbrauch eingeredet worden ist, machen Sie die Abwehrbewegung mit dem linken oder rechten Arm und sagen Sie zu der Person: „Ich gebe Ihnen alles, was Sie mir einzureden versucht haben, zurück. Ich habe damit nichts zu tun. Es ist Ihre Sache, Sie müssen damit zurechtkommen."

Vergewaltigung

Kora, 40 Jahre, ist in den vergangenen 15 Jahren dreimal von verschiedenen Männern vergewaltigt worden.

Ich bitte Kora, Stellvertreter für die drei Männer auszusuchen. Sie stellt sie nebeneinander auf. Sie selbst steht in sechs Meter Entfernung diesen Männern gegenüber. Die Männer und Kora schauen sich lange in die Augen. Kora sagt dann unter meiner Anleitung: „Ich lasse, was geschehen ist, bei euch. Ihr müsst die Schuld und die Folgen tragen. Ich bin unschuldig.

Ich bin jetzt bewaffnet, ich habe einen Dolch und steche zu."

Der erste Mann ging bis an den Rand des Raumes und schaute zur Wand, der zweite blieb ungerührt stehen. Er sagte später: „Ich fühlte mich stark und kalt wie ein Fels." Der dritte Mann kniete sich hin, verneigte sich bis auf den Boden und streckte die Hände vor. Kora ging langsam auf ihn zu und fasste seine Hände. Er stand auf. Die beiden schauten sich lange in die Augen. Kora zog den Mann zu sich. Die beiden umarmten sich.

In den Kriegen gab es viele Vergewaltigungen, besonders in den Tagen nach den Kämpfen. Manche Frauen wurden schwanger, die meisten haben eine Abtreibung machen lassen, einige haben das Kind geboren. In meiner Nachbarschaft war eine junge Kriegerwitwe, die das Kind von ihrem russischen Freund geboren hat. Sie sagte: „Ich wollte ein Kind von meinem Mann. Drei Wochen nach der Hochzeit musste er an die Front und ist gefallen. Wir waren vier Wochen verheiratet. Jetzt habe ich ein Kind von meinem russischen Freund. Wir haben uns geliebt, ich liebe unseren Sohn und denke gerne an seinen Vater, ich stehe zu unserer Liebe."

Trotzdem ja sagen

In einem Kurs war ein Mann, der mit seinem Bürstenhaarschnitt wie ein russischer Soldat auf Kriegsbildern aussah. Seine Mutter war während der Flucht aus Ostpreußen vergewaltigt und schwanger geworden. Die zunächst beabsichtigte Abtreibung konnte während der Wirren des Kriegsendes nicht gemacht werden. Die junge Frau fühlte sich wohl mit dem wachsenden Kind und trug es aus. Die Mutter, die aus einer kommunistischen Familie stammte, erzählte ihrem Sohn später: „Meine Eltern waren Freunde des sowjetischen Volkes. Die Propaganda der Nazis mit ihrem Hass auf die ‚slawischen Untermenschen' haben wir abgelehnt. Du bist der Sohn eines jungen russischen Soldaten, und ich bin froh, dass du da bist.

Der Sohn lernte russisch und arbeitet als Korrespondent einer Zeitung in Moskau. Er ist mit Russen befreundet, die seine Väter sein könnten. Bei der Aufstellung seiner Familie wurden sein russischer Vater, dessen Eltern und Großeltern, Geschwister, Onkel und Tanten aufgestellt, sie standen alle hinter dem Sohn. Er fühlte sich stark und geborgen in seiner russischen Familie und sagte zu seiner Mutter und ihrer Herkunftsfamilie: „Ich bin ein Russe!"

Bert Hellinger schreibt: „Wenn es eine Vergewaltigung gab, dann ist die Sexualität dennoch etwas ganz Großes. Es ist nicht die Sexualität, die dadurch schlimm wird. Die Sexualität ist davon nicht betroffen, es sind nur die Umstände, die schlimm sind . . . Manchmal wird eine Frau durch eine Vergewaltigung schwanger. Auch wenn das Kind abgetrieben wird, können die Wirkungen nicht rückgängig gemacht werden. Damit werden weder die Vergewaltigung noch die Bindung, die dadurch entsteht, noch die Mutterschaft und Vaterschaft rückgängig gemacht. Die Folgen bleiben, wie immer wir sie moralisch bewerten. [30]

Fehlgeburt, Abtreibung.

Das Ziel dieses Buches und meiner beruflichen Arbeit bei der Kurzzeittherapie mit dem Familienstellen ist, belastende Faktoren, auch unbekannte und unbewusste, zu erkennen und Lösungen herbeizuführen, die ein Leben in Kraft und Fülle ohne schwere Hemmnisse aus der Vergangenheit zulassen.

Fehlgeburten und Abtreibungen sind in vielen Fällen schlimme Belastungen für die Beziehung und Liebe eines Paares. Bert Hellinger hat uns Wege gezeigt, die uns aus Leid, Verstrickung und Schuld hinführen zu gemeinsamer Annahme, Trauer und Neubeginn.

In den siebziger Jahren waren Abtreibungen in meinem Bekanntenkreis etwas fast Normales, das ohne besondere Überlegungen oder Bedenken gemacht wurde. Viele Beziehungen gingen danach auseinander, doch haben die meisten Therapeuten keinen Zusammenhang zwischen der Abtreibung und dem Ende der Beziehung gesehen. Wir waren der Meinung, dass eine Frau ein absolutes Recht auf Selbstbestimmung habe und jederzeit eine Abtreibung machen lassen könne. Abtreibungsgegner erschienen uns rückständig.

Ein Arzt sagte zu einer Frau, die keine Verhütungsmittel verwendete, eine Ausschabung zur Abtreibung sei etwas Gutes, eine Art Reinigung des Körpers wie bei einem Schnupfen. Sie ließ jedes Jahr mehrere Ausschabungen machen. Sie litt unter furchtbaren Ängsten und konnte nur in Begleitung aus dem Haus gehen; ein Zusammenhang mit den vielen Abtreibungen wurde in einer jahrelangen Psychotherapie nicht hergestellt.

Durch die Erfahrungen beim Familienstellen wissen wir, dass Abtreibungen meistens schlimme Folgen für das Paar haben. Die Beziehung ist belastet, oft so schwer, dass sie zerbricht. Manche Frauen werden nach einer Abtreibung krank, leiden unter depressiven Verstimmungen oder körperlichen Symptomen.

In den Kursen für das Familienstellen wird oft über eine Abtreibung berichtet.

Hella und Gerd haben während der Studienjahre zwei Abtreibungen machen lassen. Nach dem Studium haben sie geheiratet und wünschten sich ein Kind. Hella wurde nicht schwanger, obwohl beide gesund sind.

Hella wählte aus der Gruppe Stellvertreter für sich und ihren Mann und die beiden abgetriebenen Kinder, ein Sohn und eine Tochter. Die Stellvertreter des Paares standen nebeneinander, die Kinder im Abstand von einigen Metern gegenüber.

Ich sagte: „Schaut euch an, ohne Worte. Wenn ein Impuls kommt, folgt ihm." Eltern und Kinder schauten sich mehrere Minuten lang an. Zwischendurch schauten die Eltern sich an, dann wieder die Kinder, die sich festhielten. Die Mutter weinte, ging langsam auf die Kinder zu, zog ihren Mann hinter sich her. Die Eltern reichten den Kindern die Hände, nahmen die Kinder in ihre Arme. Die vier hockten auf dem Boden und umarmten sich.

Nach der Aufstellung berichtete die Stellvertreterin der Mutter: „Als ich die Trauer in den Augen meines Mannes sah, konnte ich meinen Schmerz zulassen. Ich habe mit meiner Trauer die Liebe zu meinen toten Kindern im ganzen Körper gespürt." Die Kinder berichteten, dass sie beieinander und in den Armen der Eltern ganz ruhig und in Frieden waren und ohne Vorwurf gegenüber den Eltern. Hella und Gerd haben der Aufstellung zugeschaut.

In manchen Fällen werden keine Stellvertreter für die Eltern genommen, sondern die Eltern selbst. Manchmal ist es leichter für die Stellvertreter, Trauer und Liebe zu den Kindern zu erleben und für das Paar, dem Erleben der Stellvertreter zu folgen.

Empfehlung:
Heilung mit inneren Bildern

Wenn Sie eine Abtreibung gemacht haben, können Sie diesen Heilungsvorgang mit inneren Bildern durchführen. Stellen Sie sich allein oder als Paar hin, und in der Vorstellung sehen Sie in einiger Entfernung das abgetriebene Kind. Lassen Sie sich Zeit und schauen Sie auf das Kind und schauen Sie den Partner an und wieder das Kind. Lassen Sie zu, was Sie gefühlsbetont erleben, ganz gleich, was es ist, auch wenn zunächst nur Kälte, Ablehnung und vielleicht Groll gegenüber dem Partner zu spüren sind. Unter dem Groll ist die Trauer und darunter die vielleicht verletzte Liebe. Wenn Sie Trauer und Liebe spüren, nehmen Sie das Kind und drücken es an Ihr Herz. Vielleicht möchten Sie sagen: „Schade. – Jetzt nehme ich dich als mein Kind, und du darfst mich haben als deine Mutter. In meinem Herzen gebe ich dir einen Platz."

Vielleicht möchten Sie Ihrem Partner sagen: „Schade, dass wir das Kind unserer Liebe nicht bekommen haben. Lass es uns gemeinsam tragen, die Schuld und die Trauer, in Liebe." Aus der gemeinsamen Übernahme der Schuld in Trauer und Liebe erwächst neue Kraft für die Beziehung des Paares.

Manchmal ist es gut, das abgetriebene Kind eine Zeit lang in der Vorstellung bei der Hand zu nehmen und ihm die schöne Welt zu zeigen. Sie spüren, wenn es genug ist, und können das Kind dann in Frieden lassen. Trauer und Schmerz dürfen vorbei sein, und Sie dürfen sich wieder jedem neuen Tag mit seiner und Ihrer Fülle gestaltend hingeben.

Was den Kindern sagen?

Ein junges Paar wünscht sich ein Kind. Die Frau wird schwanger. Im zweiten Monat kommt es zu einer Fehlgeburt. Die Eltern trauern eine Zeit lang um das Kind und hoffen, dass die nächste Schwangerschaft gut ausgeht. Es folgen die Geburten von zwei Kindern. Sollten die Kinder wissen, dass die erste Schwangerschaft ihrer Mutter durch eine Fehlgeburt endete? In der Regel hat eine frühe Fehlgeburt nur eine Bedeutung für die Eltern, und die Geschwister brauchen darüber nicht informiert zu werden. Ganz anders ist es bei einer Fehlgeburt in einem späteren Stadium der Schwangerschaft, in dem ein Kind bei den Möglichkeiten der Medizin am Leben gehalten werden kann, das heißt schon nach fünf bis sechs Monaten und bei einem Geburtsgewicht ab 500 Gramm. Wenn ein Kind in solch einem späteren Stadium der Schwangerschaft durch eine Fehlgeburt tot geboren wird, gehört es zur Familie und hat ein Recht auf seinen Platz in der Geschwisterreihe. Es sollte einen Namen und ein Grab bekommen, und die Familie sollte für das Kind eine Toten- und Jahresgedächtnisfeier halten. Die Geschwister zählen das tote Kind mit. Bei zwei nach dem toten Kind geborenen Kindern sagt das erste lebende Kind: „Wir sind drei, ich bin der zweite, mein toter Bruder ist der erste." Diese einfachen Sätze und die Anerkennung des Rechtes auf Zugehörigkeit zur Familie für den toten Bruder haben eine heilsame Wirkung für die Familie. Das Gleiche gilt natürlich für Kinder, die am Ende der Schwangerschaft tot zur Welt kommen oder während oder kurz nach der Geburt sterben. Sie gehören für immer zur Familie.

Ein junges Paar erwartete das erste Kind. Im achten Schwangerschaftsmonat wurde ein Sohn tot geboren. Die Eltern gaben ihm einen Namen und begruben ihn im Grab seines Großvaters väterlicherseits. Durch die Trauer und Liebe der Eltern und Verwandten und das Begräbnis im Familiengrab hat das Kind seinen Platz in der Familie bekommen.

In einem Kurs für das Familienstellen berichtete der 38-jährige Lothar, dass er, solange er sich erinnert, depressiv, in seiner Lebenskraft geschwächt und zeitweise suizidal war. Vor dem Kurs hat er seine Mutter besucht und erfahren, dass die Hebamme nach seiner Geburt feststellte, dass noch ein zweites Kind in der Gebärmutter war. Dieses Kind, ein Mädchen, wurde eine halbe Stunde später tot geboren. Die Zwillingsschwester bekam keinen Namen und kein Grab, sie wurde am Rande des Friedhofs anonym begraben.

Bei der Familienaufstellung standen die beiden Geschwister zum Schluss nebeneinander den Eltern gegenüber. Lothar sagte: „Liebe Schwester, endlich bist du da! Wir waren uns neun Monate nah und vertraut. Du hast mir 38 Jahre gefehlt. Ich gebe dir den Namen Amata, das heißt Geliebte." Bruder und Schwester umarmten sich liebevoll. Amata sagte: „Ich bin bei dir und freue mich, wenn es dir gut geht."

Kindstötung

Die Ureinwohner Australiens zogen in Gruppen als Sammler und Jäger durch das Land. Eine Frau trug ihr Kind, bis es laufen konnte. Das nächste Kind sollte erst drei Jahre nach dem vorigen zur Welt kommen. Wenn ein weiteres Kind schon ein oder zwei Jahre nach der Geburt des vorigen kam, wurde das neue oder das ältere Kind getötet. Zwei Kinder hätte die Mutter nicht Tag für Tag auf langen und gefahrvollen Wegen und beim Sammeln der Nahrung tragen können. Nach dem Glauben dieser Menschen lebt die Seele des getöteten Kindes als ein Licht an einem schönen Platz, bei einer Quelle oder einem schattigen Baum und wartet, bis es zur rechten Zeit in seiner Mutter wieder wachsen und geboren werden kann. Die Tötung des Kindes ist für das Leben der Familie notwendig und richtig.

Von den Erfahrungen in unserer Kultur können wir nicht wissen, was in anderen Kulturen unter ganz anderen Lebensumständen gut und richtig ist.

Zur Zeit des antiken Griechenland und des römischen Reiches vor dem Einfluss des Christentums wurden Schwangerschaftsverhütung, Abtreibung, Aussetzung und Tötung von Neugeborenen oft und erlaubt durchgeführt.

Wenn eine römische Frau ein Kind geboren hatte, legte die Hebamme es auf den Fußboden, und der Vater wurde gerufen. Wenn der Vater das Kind aufhob und auf seine Arme nahm, erkannte er es als sein Kind an.

„Das Kind, das der Vater nicht vom Boden aufgenommen hat, wird ausgesetzt, sei es vor der Haustür, sei es an einem öffentlich zugänglichen Ort – jeder, der mag, kann es nehmen. Ausgesetzt wird das Kind auch, wenn der Vater abwesend ist und es seiner schwangeren Frau so befohlen hat. Griechen und Römer wussten, dass es eine Eigentümlichkeit der Ägypter, der Germanen und der Juden war, sämtliche Kinder aufzuziehen und keines auszusetzen. In Griechenland wurden Mädchen häufiger ausgesetzt als Knaben. Im Jahre 1 v. Chr. schreibt ein Grieche an seine Frau: „Wenn du ein Kind bekommst, dann lasse es leben, sofern es ein Junge ist; wenn es ein Mädchen ist, setze es aus." [31]

In unserer Kultur ist die Tötung eines neugeborenen Kindes ein schweres Verbrechen. Nach den Erfahrungen mit dem Familienstellen hat die Tötung eines Neugeborenen und auch die Abtreibung in einem Stadium der Schwangerschaft, in dem ein Kind lebensfähig ist, also nach fünf bis sechs Monaten, schwere Auswirkungen auf die Familie in derselben Generation und oft in den nächsten Generationen: Wenn die Schuld an der Tötung des Kindes von den Tätern nicht übernommen wird, trägt ein anderer in der Familie die Schuld und die Folgen, auch wenn er nichts von der Tötung des Kindes weiß. Die Übernahme der Schuld und der Folgen kann sich zum Beispiel bei einem Geschwister des getöteten Kindes oder bei einem Enkel oder Urenkel der Täter in Form von Depression mit Suizidalität, von Drogensucht, Kriminalität oder von schweren Krankheiten zeigen.

Josef und Martha leben seit vier Jahren zeitweise zusammen. Martha möchte heiraten und Kinder haben. Josef zögert und zieht sich mehrmals im Jahr in ein Kloster zurück. Vielleicht will er sich ganz für das klösterliche Leben entscheiden.

Martha sagte: „Ich erreiche meinen Freund oft gar nicht, es ist, als wäre er von einem Schleier umgeben, er sieht und beachtet mich nicht. Dabei kann er die täglichen Arbeiten verrichten und ist doch nicht ganz da. Wenn ich ihn ansprechе, anfasse und drücke, schaut er mich an, als käme er aus einer anderen Welt. Wenn wir Schwierigkeiten hatten, ging er in sein Dachstübchen und blieb stundenlang allein. Danach war er wieder ruhig, gelassen und unerreichbar. Ich weiß nicht, was mit ihm ist. Wir hatten auch gute Zeiten mit Nähe und Liebe, sodass ich immer noch hoffe, wir können zusammen bleiben."

Bei der Aufstellung der Herkunftsfamilie von Josef berichtete er, dass seine Mutter während der Ehe einen Geliebten hatte und von ihm schwanger wurde. Dies wurde im Dorf bekannt und war eine große Schande, weshalb das Kind, ein Sohn, im sechsten Schwangerschaftsmonat abgetrieben wurde.

Bei der Aufstellung der Familie bestand sofort eine starke Verbundenheit zwischen Josef und seinem älteren Halbbruder in Trauer und Liebe. Der Halbbruder lag als Toter auf dem Boden neben seiner Mutter und ihrem Geliebten, und Josef legte sich neben ihn und wollte mit ihm tot sein. Josefs Vater wurde unruhig und sagte mit lauter Stimme: „Nein, Josef, ich will nicht, dass du stirbst. Steh auf, ich will, dass du bleibst und lebst." Der Vater hob Josef hoch und stellte ihn neben seine Brüder, die ihn in die Arme nahmen und festhielten.

Dieses Beispiel zeigt, wie eine Paarbeziehung auch beim besten Willen der Partner durch Schicksale aus der Herkunftsfamilie stark belastet sein kann und eine lebendige Beziehung zwischen Josef und Martha erst möglich wurde, als der ermordete Halbbruder einen guten Platz in der Familie hatte und die Tat und die Folgen bei der Mutter und ihrem Geliebten gelassen wurden.

Durch das Familienstellen haben wir gelernt, dass die Lösung für die Familie ist, wenn die Täter die Schuld übernehmen und sich zu dem Toten legen, und die übrige Familie sich vor Opfer und Täter verneigt und sie ziehen lässt. Dabei zeigt sich oft eine erstaunliche liebevolle Verbundenheit zwischen Täter und Opfer.

In einem Kurs war eine Frau, deren Mann die zwei gemeinsamen Söhne und sich selbst getötet hat. Im Schlussbild der Aufstellung lagen die Stellvertreter des Vaters und der Kinder als Tote auf dem Boden. Ich hatte die Kinder sich in einiger Entfernung von ihrem Vater hinlegen lassen, weil ich dachte, die Opfer könnten nicht so nah bei ihrem Mörder-Vater liegen. Es kam zu einer erschütternden Szene: Die Kinder rutschten immer näher zu ihrem Vater, bis die drei in enger Umarmung beieinander lagen. Die Mutter konnte ihren Mann und die Kinder in ihrem Totenfrieden lassen.

In einem anderen Fall kam ich als Mitarbeiter einer Beratungsstelle zu einem Mann im Gefängnis, der seine Frau ermordet hatte. Ein psychologisches Gutachten brachte verschiedene Gründe zu seiner Entlastung: Er hatte vor der Tat Alkohol getrunken und war von seiner Frau mit Geldforderungen unter Druck gesetzt worden. Nach zwei Jahren Haft wurde er entlassen und von seinen Kindern abgeholt. Die schreckliche Tat schien nicht seine zu sein, die ermordete Frau wurde als mitschuldig an der Tat ihres Mannes dargestellt.

Der Mann nahm die Schuld und die Folgen nicht an. In einem solchen Fall müssen wir nach den Erfahrungen mit dem Familienstellen erwarten, dass ein Kind, Enkel oder Urenkel mit dem Täter identifiziert sein wird und an seiner Stelle die Schuld und die Folgen übernimmt, was durch Depression und Suizid, Krankheiten, Sucht oder Verbrechen zum Ausdruck kommen kann.

Die Lösung ist, dass die Kinder ihrem Vater die Schuld und die Folgen zumuten. Es gehört zur Würde des Menschen, für seine Taten einzustehen: „Ich habe es getan, ich bin dafür voll verantwortlich, ich trage die Schuld und die Folgen. Ihr, meine Kinder, seid unschuldig." Die Kinder sagen ihrem Vater: „Wir lassen die Schuld und die Folgen bei dir, wir können das nicht tragen, es ist zu groß und zu schwer für uns. Wir sind deine Kinder und unschuldig. Wir lassen dich bei unserer toten Mutter. Wir lassen euch ziehen. – Das Geschenk des Lebens nehmen wir von euch in Dankbarkeit und achten und ehren euch als unsere Eltern."

Das ist die Lösung, damit die Familie zur Ruhe kommt und das Leben der nächsten Generationen gut weitergehen kann.

Gelungene Partnerschaft, verstrickte Liebe

Wilma und Robert

Wenn Sie es schwer haben in Ihrer Partnerschaft, gehen Sie zu Freunden, Bekannten oder Nachbarn, die gut miteinander zurechtkommen, und beobachten Sie genau, wie die das machen: Wie sprechen sie miteinander und wie viel pro Tag? Wie schauen sie sich an? Berühren sie sich gelegentlich? Haben die beiden Gemeinsamkeiten? Sind sie oft getrennt; wie verhalten sie sich dann? Gibt es bestimmte Regeln, werden gemeinsame Zeiten vereinbart? Sind die beiden oft lustig? Von guten Freunden können Sie vielleicht erfahren, wie viel Zeit für die Liebesbeziehung übrig bleibt. Wie gehen die beiden mit unterschiedlichen Interessen um? Wie äußern sie aggressive Gefühle und abweichende Meinungen? Enthalten kritische Gespräche Vorwürfe und Ärger, oder geht es mehr um Verbesserungsvorschläge und gemeinsame Lösungen? Fühlen Sie sich wohl bei diesem Paar? Haben die beiden eine Beziehung gegenseitiger Bestätigung? Gibt es abwertende Anteile?

Wenn Ihnen die Art der Kommunikation gefällt, übernehmen Sie so viel davon, wie für Sie und Ihren Partner brauchbar ist.

Vor Jahren war ich auf einem Kongress in München und freundete mich mit Wilma und Robert an. Wir wohnten im selben Hotel, und die beiden nahmen mich in ihrem Auto mit zur Kongresshalle.

Robert saß am Steuer, Wilma neben ihm mit dem Stadtplan auf dem Schoß. Sie führte ihn durch die Stadt: Jetzt fahren wir die nächste Straße rechts und dann die zweite links.

Er sagte: „Es ist wunderbar, Wilma, wie du mich führst."

Sie entgegnete: „Ja, Robert, mit dir fahre ich gerne, du fährst so ruhig und sicher. Jetzt fahren wir über den Marienplatz und dann die dritte Straße rechts."

Und Robert fuhr, und wir standen in der verkehrten Richtung in einer Einbahnstraße, die Autos stauten sich, einige hupten, ein Fahrer öffnete das Fenster und schrie: „Sie blöder Trottel!"

Robert lachte und sagte zu seiner Frau: „Mit dir gibt es immer was Lustiges zu erleben."

Wir kamen mit Verspätung im Kongresszentrum an. Es war eine interessante Fahrt. Ich habe die beiden gefragt, ob sie das immer so machen: sich bestätigen und Spaß miteinander haben. „Ja, das machen wir seit 20 Jahren und wollen es so weitermachen."

Robert und Wilma sind zwei Fortgeschrittene in der Schule der Liebe. Sie bestätigen sich nicht nur bei positiven Verhaltensweisen, sondern auch, wenn etwas geschieht, was üblicherweise negativ erlebt und bewertet wird. Der Stau in der Einbahnstraße wäre für viele Paare ein Anlass für heftige Vorwürfe und Streitigkeiten gewesen. Robert macht aus der schwierigen Situation etwas Positives, indem er sagt: „Mit dir gibt es immer was Lustiges zu erleben." Wir sprechen von einer positiven Konnotation, das heißt: Ein Verhalten, das üblicherweise negativ erlebt und bewertet wird, kann Robert positiv bewerten und erleben.

Diese positive Bewertung von sonst negativ erlebten Verhaltensweisen ist eine wesentliche Zutat beim Familienstellen: Viele leidvolle und schlimme Verhaltensweisen wie Depression mit Suizidalität, Alkoholsucht und Lieblosigkeit in der Beziehung werden beim Aufstellen der Herkunftsfamilie als Ausdruck der Verbundenheit mit Menschen erkannt, die ein schweres Schicksal hatten und diese Verhaltensweisen vorgelebt haben. Durch die Erkenntnis der Zusammenhänge können wir dann sagen: Dieses schlimme Verhalten ist ein Zeichen der liebevollen Verbundenheit mit zum Beispiel dem Vater oder anderen wichtigen Personen der Familie.

Dazu einige Beispiele:

Omas Saufkumpan

Ein Freund erzählte mir: Ich habe zu viel Alkohol getrunken. Auch wenn ich nur ein Glas voll trinken wollte, musste ich die ganze Flasche austrinken. Ich war beduselt, schlief schlecht und bekam Ärger mit meiner Frau. Meine Frau hat oft gesagt: „Trink nicht so viel, lass uns früh zu Bett gehen, ich habe noch was mit dir vor." Selbst diese Verlockung hat mich meistens nicht davon abgehalten, mich zu betrinken.

Seit einem Jahr versucht meine Frau nicht mehr, mich vom Trinken abzuhalten. Sie sagt: „Hol dir noch ein Pülleken aus dem Keller und trink deiner Oma zuliebe." Wenn ich die Flasche Wein oder Sekt geleert habe, sagt sie manchmal: „Hol dir noch ein Fläschchen aus dem Keller." Einmal habe ich zwei Literflaschen geleert und war sturzbesoffen.

„Was hat das denn mit deiner Oma zu tun?"

„Ich war mit zehn Jahren Omas Saufkumpan. Die Eltern meiner Mutter wohnten bei uns im Haus. Nach dem Tod meines Großvaters durfte ich oft bei meiner Oma schlafen, besonders wenn meine Eltern abends ausgingen. Ich hatte die Aufgabe, auf Oma aufzupassen. Sie sollte keinen Alkohol trinken, weil sie dadurch verwirrt wurde, in der Wohnung herumgeisterte und schon mal gefallen war. Doch sobald meine Eltern aus dem Haus waren und ich bei der Oma, griff sie in ihren BH, zog an einem Bändchen einen kleinen Schlüssel hervor, gab ihn mir und sagte: „Hol uns ein Pülleken aus dem Keller." Ich brachte der Oma eine Flasche Sekt oder Wein. Sie las das Etikett, sagte: „Das war ein gutes Weinjahr, 1958, ein schöner Sommer und ein goldener Herbst." Ich durfte die Flasche öffnen, holte zwei Gläser aus der Vitrine, goss ein und stieß mit meiner Oma an. Sie hatte dabei verschiedene Sprüche parat, etwa: „Ein Fläschchen in Ehren darf niemand verwehren." Dabei lächelte sie und hielt den linken Zeigefinger auf die Lippen, und ich wusste, dass unser Trinken ein Geheimnis war.

Meistens reichte uns eine Flasche, doch manchmal wurden es auch zwei. Wir sanken dann müde in die Ehebetten. Wenn Oma nachts wach wurde, griff sie nach mir und redete mich mit dem Namen meines Opas an: „Bist du auch wach, Ewald?"

Ich sagte: „Ja, Oma, ich bin auch wach."

Darauf sie: „Ach, du bist es, mein Liebchen, ich dachte, mein Ewald läge neben mir. Du hast geschnarcht wie er."

Wenn Oma nachts aufstand, habe ich aufgepasst, dass sie nicht hinfiel. Wenn sie nicht schlafen konnte oder Kopfschmerzen vom Wein hatte, ging sie in die Küche und machte sich einen starken Kaffee. Ich war Omas Lieblingsenkel. Sie hat mir oft einen Zehnmarkschein zugesteckt mit den Worten: „Hier, Junge, ich hab ein Bildchen für dich, braucht sonst keiner zu wissen."

Diese Geschichte ist mir vor Jahren eingefallen, als ich nach zwei Liter Wein am frühen Morgen mit Kopfschmerzen aufwachte und mir in der Küche einen Kaffee aufgebrüht habe. Ich hörte Omas Stimme: „Kaffee ist für alte Leute ein gutes Schlafmittel und hilft auch bei Kopfschmerzen." Da fiel es mir wie Schuppen von den Augen. Ich weiß seitdem, dass ich beim Trinken mit meiner geliebten Oma verbunden war und mir geschadet habe aus Liebe zu ihr. Ich weiß auch, dass meine tote Oma mich liebt, und wenn ich sage „Liebe Oma, ich hole uns noch ein

Pülleken und trinke im Andenken an dich", sehe ich sie vor mir mit schlohweißem Haar und in leinenem Nachthemd.

Sie schüttelt den Kopf und sagt: „Mein Junge, trink nur so viel, wie dir bekömmt." Seitdem fällt es mir leicht, nur alle paar Wochen zu trinken und ganz selten eine ganze Flasche zu leeren – aus Liebe zu ihr!

Wir erkennen aus dieser Geschichte, dass wir die positive Konnotation bei uns selbst anwenden können.

Rauchen aus Liebe

Auch starkes Rauchen ist oft ein Zeichen der Verbundenheit mit einer wichtigen Person. Andrea rauchte stark wie ihr Vater und sagte während einer Therapie: „Lieber Papa, ich mache es wie du, auch wenn ich mir schade und an Lungenkrebs sterbe wie du, ich rauche in Liebe zu dir."

Bert Hellinger sagte einer Frau, die 40 Zigaretten täglich rauchte: Stell dir vor, du bist ein kleines Mädchen und sitzt auf Papas Schoß, steckst dir eine Zigarette an, nimmst einen tiefen Zug, schaust deinen Papa lieb an und sagst: „Lieber Papa, bei dir schmeckt es mir", und sagst diesen Satz bei jedem Zug – in Liebe. [32]

Ein Mann erzählte: „Ich habe 20 Jahre lang geraucht wie ein Schlot und gesoffen wie ein Loch und konnte es nicht lassen. Nichts hat mir geholfen. In einer Nacht hatte ich starke Herzschmerzen und dachte, jetzt sterbe ich. Meine Frau hat den Notarzt gerufen. Er hat mir Strophantin gespritzt, und es ging mir besser. Der Arzt sagte: ‚Sie müssen sich entscheiden, ob Sie so weitermachen und bald sterben wollen oder leben. Sie können sich nur selbst helfen.'

Zu dieser Zeit lag meine 85-jährige Mutter im Sterben. Ich war während der letzten Tage bei ihr. Wir haben viel über unsere gemeinsamen Jahre gesprochen. Auf einmal sagte sie: ‚Schade, Fränzchen, dass deine Schwester nicht lebend zur Welt gekommen ist.‘ Ich dachte, meine Mutter rede irre: ‚Was sagst du, Mutter, habe ich eine Schwester?‘

‚Ja Franz, eine Zwillingsschwester. Als du geboren warst, sagte die Hebamme: Da ist noch was drin, ich höre aber keine Herztöne.‘ Nach einer halben Stunde kam ein totes Kind, ein Mädchen. Es war etwas kleiner als du und hatte ganz dichtes, schwarzes Haar.‘

Ich habe die ganze Nacht weinend an Mutters Bett gesessen und wusste nun, was mir 50 Jahre lang gefehlt hat: Meine Zwillingsschwester, mit der ich neun Monate lang zusammen war. Ich habe nur gesagt: ‚Liebe Schwester, ich will zu dir, ich will sterben.‘ Meine Mutter war erschüttert über meine Trauer, hat auch geweint und ist am Morgen gestorben.

Seitdem bin ich geheilt. Ich habe meine abgrundtiefe Trauer und die Todessehnsucht verstanden. Sie kommt aus der Liebe zu meiner Schwester. Mir ist, als wäre sie mit mir gewachsen. Ich habe oft von einem Mädchen, einer jungen Frau, einer mit mir gleichaltrigen Frau mit schwarzen Haaren geträumt, die freundlich zu mir war: Meine Schwester.“

Empfehlung:
Symptome als Ausdruck der Verbundenheit

Wenn Sie ein Symptom oder ein symptomatisches Verhalten haben, unter dem Sie oder die Menschen Ihrer Umgebung leiden, sodass Sie es ändern möchten, überlegen Sie, mit wem Sie mit diesem Verhalten oder diesem Symptom in Beziehung sind; die meisten Symptome und symptomatischen Verhaltensweisen sind, wie auch diese Beispiele zeigen, Ausdruck wichtiger Beziehungen. Meistens handelt es sich um Beziehungen aus der Kindheit, es können aber auch gegenwärtige Beziehungen sein.

Das Erstaunliche ist, dass ein Symptom in den meisten Fällen sofort oder nach einiger Zeit nicht mehr nötig ist und wie von selbst verschwindet, wenn wir das Symptom als Ausdruck der Verbundenheit und Liebe zu einer wichtigen Person erkannt und gewürdigt haben.

Dies gilt auch für Paare. Wenn Nina unglücklich, verzagt und depressiv ist, wird ihr Mann Rudolf munter. Er fühlt sich stark und guter Dinge, hilft mehr als sonst im Haushalt und ist aufmerksam und zärtlich zu Nina. Seitdem er diese Zusammenhänge kennt, sagt er zu seiner Frau: „Nina, das macht mir nichts, wenn du verzagt bist, es hat sogar was Gutes für mich, ich vergesse meine eigenen Sorgen und werde richtig munter. Bleib noch ein bisschen depressiv, mir tut es gut." Auch umgekehrt stimmt es bei den beiden: Wenn Rudolf es mal schwer hat und sich hängen lässt, kann Nina ihn verwöhnen, als wäre er ein kleiner Junge, und das tut beiden ab und zu gut.

Exkurs 1

Die heilende Kraft des Familienstellens
bei schweren Krankheiten

In die Kurse für das Familienstellen kommen auch Männer und Frauen mit schweren Krankheiten wie Krebs, Multiple Sklerose, Zustand nach Herzinfarkt oder mit Psychosen und hoffen auf Besserung und Heilung. Solche Hoffnung ist berechtigt: Denn wir wissen seit Jahrzehnten aus vielen wissenschaftlichen Untersuchungen, dass negative psychosoziale Faktoren für die Entstehung schwerer chronischer Krankheiten eine wesentliche Bedeutung haben.

Unter solchen Faktoren verstehe ich belastende Beziehungen, zum Beispiel schwerwiegende Verstrickungen in Familienbeziehungen über mehrere Generationen, die das hauptsächliche Arbeitsgebiet der Kurzzeittherapie mit dem Familienstellen sind, chronisch belastende Paarbeziehungen und Beziehungen am Arbeitsplatz unter Kollegen und mit Vorgesetzten, dauernde Unzufriedenheit in einem ungewollten und ungeliebten Beruf, über- oder unterfordernde berufliche Situationen, ärmliche soziale Verhältnisse, in denen es wenig Anerkennung in der Gemeinschaft gibt, Schicksale von Flüchtlingen, die keine sichere und gastliche Aufnahme in den Asylländern erfahren.

Zu den chronisch belastenden, oft ganz unbewussten Verstrickungen in einer Familie über mehrere Generationen gehören:

- der Verlust von Vater oder Mutter durch Trennung der Eltern oder Tod eines Elternteils in einem frühen Lebensalter der Kinder;
- der Verlust eines Geschwisters durch frühen Tod, Totgeburt oder Fehlgeburt in der zweiten Hälfte der Schwangerschaft;
- der frühe Tod von Geschwistern der Eltern oder Großeltern;
- der Tod einer Mutter, Großmutter oder Urgroßmutter bei der Geburt eines Kindes oder im Wochenbett;
- schwere Verbrechen, durch die Familienangehörige Opfer oder Täter geworden sind;
- eine starke Bindung eines Kindes an den einen Elternteil und massive Ablehnung des anderen;
- frühere wichtige Partner der Eltern, die in der Familie abgelehnt werden.

Diese oft völlig unbekannten schweren Schicksale und unbewussten verstrickten Beziehungen sind ein belastender Dauerstress für den menschlichen Organismus und zeigen sich in vielfältigen Symptomen wie Anspannung, Nervosität, Bewegungsunruhe, so genannte vegetative Symptome wie feuchte, kalte Hände und Füße, Zittern, Schlafstörungen, funktionelle Organbeschwerden wie Kopfschmerzen, Muskelverspannungen, Rückenschmerzen, Magen-Darm-Beschwerden und andere.

Durch diesen Dys-Stress über Jahre und Jahrzehnte wird die Immunabwehr des Organismus geschwächt, sodass zum einen Krankheitserreger wie Viren und Bakterien sich im Organismus vermehren können und Infektionskrankheiten entstehen. Zum anderen kommt es im Organismus bei der ständig erfolgenden Bildung neuer Zellen normalerweise zu einigen Fehlkonstruktionen, die von den Reparaturzellen des gesunden Organismus sofort beseitigt werden. Bei Menschen, die durch Dauerstress chronisch überlastet sind, versagen diese Reparatursysteme, sodass entartete Zellen sich vermehren und ein Tumor entstehen kann.

Ein bedeutender Forscher auf diesem Gebiet der Entstehung schwerer chronischer Erkrankungen wie Krebs oder Herz-Kreislauf-Krankheiten, Ronald Grossarth-Maticek, hat in jahrzehntelangen Untersuchungen an Tausenden von Probanden nachgewiesen, dass bestimmte Beziehungskonstellationen mit bestimmten Krankheiten zusammenhängen:

- „Abweisung vom Vater, Fixierung an die Mutter und Hemmung der Männlichkeit bringen wir in Zusammenhang mit der Entstehung des Hodenkrebses . . .
- Abweisung von einem Elternteil und vom Partner und Hemmung der Frauenrolle bringen wir in Zusammenhang mit dem Entstehen von Brustkrebs . . .
- Abweisung von einem Elternteil und einem Objekt aus der Gegenwart . . . wird in Interaktion mit physischen Risikofaktoren mit der Entstehung des Magenkrebses in Zusammenhang gebracht.
- Harmonisierender Loyalitätskonflikt:
Die Person wurde von einem Elternteil, meistens der Mutter, gefühlsmäßig stark gebunden und . . . zu Harmonie und Loyalität erzogen. Im Erwachsenenalter geht die Person eine Partnerbeziehung ein, in der sie ebenfalls Harmonie und Loyalität erstrebt. Nun stellen sowohl die Eltern als auch der Partner an die Person einen Anspruch an die absolute Loyalität und Priorität in der Zuwendung. Da die Person gelernt hat, ihre Bedürfnisse nur in erstrebter Harmonie und Loyalität zu äußern, kommt sie in einen schweren Konflikt, der zur dauerhaften Hemmung in der Bedürfnisbefriedigung führen kann . . . Diese Stress-Struktur bringen wir im synergistischen System in Zusammenhang mit Lungen- und Bronchialkarzinom." [33]

Schon 1980 wurden von Grossarth-Maticek Arbeiten veröffentlicht, die einen Zusammenhang zwischen Hoffnungslosigkeit und Depression mit der Entstehung von Lungen-krebs belegen. Bei den vielen über Jahrzehnte gehenden Untersuchungen an Tausenden von Probanden „stellte sich immer wieder heraus, dass ein Faktor nur dann wirksam wird, wenn er im Kontext mit bestimmten anderen Fakto-ren wirkt. Das gilt selbst für einen so starken Risikofaktor wie das Zigarettenrauchen". [34]

Bei dem Verlust einer langjährigen Liebesbeziehung, zum Beispiel durch Tod oder Trennung, wird ein Zusammen-hang mit unterschiedlichen Krebsarten, insbesondere dem Rektumkarzinom gesehen, bei dem Verlust eines Kindes oder unbefriedigtem Kinderwunsch ein Zusammenhang mit der Entstehung von Gebärmutterkörper-Krebs.

Diese Beispiele zeigen, welche Auswirkungen das Feh-len und der Verlust von Vater oder Mutter und anderer wichtiger Personen in der Kindheit und im Erwachsenen-alter haben können und welche vorbeugende und heilende Bedeutung die Kurzzeittherapie mit dem Familienstellen bei solchen Lebensschicksalen hat.

Viele Menschen haben in ihrer Kindheit die schlimme Erfahrung einer „unterbrochenen Hinbewegung" machen müssen. Das heißt, dass eine wichtige Person wie Mutter oder Vater plötzlich für das Kind nicht mehr da war. Sei es, dass ein Elternteil gestorben ist oder nach einer Trennung für das Kind nicht mehr als Beziehungsperson zur Verfü-gung stand, sei es, dass das Kind wegen einer Krankheit sta-tionär behandelt werden musste und die Eltern das Kind nicht besuchen durften.

Das Kind erlebt schreckliche Verlassenheit in einer le-benswichtigen Beziehung und zieht alle Beziehungsfühler und -wünsche zurück und wagt oft auch im Erwachsenen-alter nicht, neue Beziehungen von großer gefühlsmäßiger Bedeutung zu entwickeln. Bei einer Familienaufstellung verhalten sich der Mann oder die Frau, die eine unterbro-chene Hinbewegung in ihrer Kindheit erlebt haben, gegenüber den Eltern und anderen wichtigen Personen wie etwa einem Liebespartner abweisend und gefühlskalt, manchmal auch vorwurfsvoll und aggressiv. Oft gelingt es, den Klienten in die traumatische Kindheitssituation und in die Zeit vor dieser Situation zurückzuführen, sodass er die kindliche Liebe in der Beziehung zu Vater und Mutter wieder erleben kann. Dieses Wiedererleben der primären Liebe führt zur Heilung der von Grossarth-Maticek beschriebenen Stress-Struktur und hat vorbeugend und bei schon vorhandenen schweren körperlichen Erkrankungen stärkende und heilende Wirkungen.

Die psychosozialen Faktoren, die nach den Forschungen von Grossarth-Maticek die Entstehung von schweren Krankheiten mitbedingen, sind die gleichen, die nach den Erfahrungen mit dem Familienstellen immer wieder zu chronischen Störungen und Belastungen im Familienverband über mehrere Generationen geführt haben. Sie können in den meisten Fällen durch die Veränderung der Familienkonstellation zur geordneten Ganzheit mit ihrer heilenden Kraft gut gelöst werden. Dies hat für den Einzelnen, der seine Familie aufgestellt hat, und für seine ganze Familie sofort und weiterwirkend in der Zeit eine entlastende und den Lebensfluss befreiende Wirkung.

Zusätzlich zu den von Grossarth-Maticek beschriebenen Krankheitsbedingungen kommen nach den Forschungen von Bert Hellinger eine Anzahl weiterer bedeutsamer Faktoren für die Entstehung chronischer Belastungen mit der Gefahr der Entstehung von Krankheiten hinzu:

- Der frühe Tod eines Geschwisters;
- ein totgeborenes Geschwister;
- ein in der zweiten Hälfte der Schwangerschaft fehlgeborenes Geschwister;
- ein abgetriebenes Kind in den ersten drei Monaten der

Schwangerschaft als Belastung für die Eltern;

- eine Abtreibung in der zweiten Hälfte der Schwangerschaft als Belastung für die ganze Familie;
- frühere wichtige Partnerinnen des Mannes oder der Frau;
- frühere wichtige Partnerinnen des Vaters oder der Mutter, eventuell der Großväter oder Großmütter;
- früher Tod von Geschwistern der Eltern, eventuell der
  Großeltern;
- verheimlichte Kinder aus anderen wichtigen Beziehungen des Mannes oder der Frau, der Eltern oder der Großeltern;
- Verbrechen in der Familie: Der Tod eines Familienmit-
  gliedes durch ein Verbrechen in der Gegenwarts- oder
  Ursprungsfamilie;
- andere Verbrechen in der Gegenwarts- oder Ursprungsfamilie;
- Vorteile in der Familie durch Verbrechen in der Vergangenheit, zum Beispiel Bereicherung durch massive Aus-
  beutung von Arbeitern, durch Enteignung, Vertreibung
  und Ermordung jüdischer Mitbürger.

Exkurs 2

Wie das Familienstellen vonstatten geht

Zum Abschluss dieses Buch beschreibe ich, wie ein Kurs für das Familienstellen abläuft.

In meinen Fünftagekursen sind insgesamt etwa 25 Frauen und Männer, die ihre Familien stellen und einige Beobachterinnen. Die Gruppe sitzt in einem großen Kreis, der Innenraum ist die Bühne für die Aufstellungen.

In der ersten Stunde stellen sich alle vor und nennen die wesentlichen Anliegen und was sie in den fünf Tagen erreichen möchten.

Danach beginnt die erste Aufstellung.

Eine Person aus der Gruppe wählt aus den Teilnehmer/innen die Stellvertreter für die Gegenwarts- oder Herkunftsfamilie. Für die Herkunftsfamilie: Vater, Mutter, Geschwister und eine Person für sich selbst. Oft kommen noch andere Personen dazu, z. B. frühgestorbene oder totgeborene Geschwister, frühere wichtige Partner der Eltern oder Großeltern, Kinder aus früheren Beziehungen, Personen die ein schweres Schicksal hatten, z. B. frühgestorbene oder totgeborene Geschwister der Eltern oder Großeltern, Angehörige mit schweren Krankheiten oder Unfällen, Personen, die aus der Familie ausgestoßen wurden, Verachtete, z. B. Straffällige oder Alkoholiker. In manchen Fällen muss die Urgroßelterngeneration einbezogen werden, z. B. bei besonders schweren Schicksalen wie Tod einer Urgroßmutter bei der Geburt ihres Kindes oder bei schweren Verbrechen wie Mord.

In der Regel genügen die Informationen aus drei Generationen.

Beim Aufstellen der Gegenwartsfamilie gehören dazu: der Klient, der aufstellt, der Partner oder die Partnerin, die gemeinsamen Kinder, frühere oder gegenwärtige andere wichtige Partner/innen, die Kinder aus anderen Beziehungen, auch früh verstorbene oder totgeborene Kinder.

Nachdem der Klient alle Stellvertreter aus der Gruppe ausgesucht hat, fasst er jeden Stellvertreter bei den Händen oder an den Schultern und führt ihn gesammelt durch den Raum und findet den Platz nach einem inneren Bild. Ein Stellvertreter nach dem anderen wird so aufgestellt, bis alle an ihrem Platz stehen. Danach setzt sich der Klient, und der Therapeut geht nach einer Weile zu den einzelnen Aufgestellten und fragt, wie es ihnen an der Stelle geht. Die Antworten enthalten wichtige Informationen über die aufgestellte Familie, die Beziehungen der Familienangehörigen untereinander und geben oft Hinweise auf schwere Schicksale und Verstrickungen.

Bert Hellinger sagt dazu: „Wenn ich eine Familie aufstelle, können die Einzelnen, die da drinnen stehen, ganz genau fühlen, was in dieser Familie vorgeht, obwohl die wirklichen Mitglieder weit entfernt sind. Die Ordnung dieser Familie wiederholt sich in dieser Aufstellung. Durch die Aufstellung habe ich plötzlich Zugang zu einer Wirklichkeit, die mir im Denken verschlossen ist. Es kommt etwas ans Licht, was bisher verborgen war. Wenn es am Licht ist, kann ich ausprobieren, ob es eine Lösung gibt.

Aber so, wie die wirkliche Familie in dieser Aufstellung gegenwärtig ist, so wirkt auch die Lösung von der dargestellten Familie auf die wirkliche Familie zurück, selbst wenn die nichts davon wissen." [35]

Der Therapeut verändert nach dieser ersten Befragung die Aufstellung mit dem Ziel, eine Lösung zu finden, bei der alle zur Familie Gehörenden, auch die bisher Ausgeschlossenen, Vergessenen oder Verachteten, denen die Zugehörigkeit verweigert wurde, einen guten Platz haben und als zugehörig anerkannt und gewürdigt werden. Dieser Weg zur Lösung erfolgt in mehreren Schritten, zwischen denen die Stellvertreter/innen mehrmals nach ihrem Befinden und Erleben gefragt werden. Wenn das Lösungsbild gefunden worden ist, kommt die Person, die ihre Familie gestellt hat, aus dem Kreis der sitzenden Teilnehmer und stellt sich an ihren Platz und erlebt sich in ihrer Familie in der Lösungskonstellation der geordneten Ganzheit mit ihrer heilenden Kraft. Es folgen in der Regel einige kleine Dialoge zwischen der Person, die ihre Familie gestellt hat, und einigen Stellvertreter/innen der Familienangehörigen. Diese Dialoge werden vom Therapeuten geleitet.

Eine Aufstellung dauert etwa 20 bis 30 Minuten. Wenn alle wieder im Kreis sitzen, besteht die Möglichkeit, Fragen zu stellen und Beobachtungen mitzuteilen. So folgt eine Aufstellung nach der anderen, unterbrochen von Pausen, kurzen Gesprächen zwischen Gruppenteilnehmer/innen und dem Therapeuten und Geschichten, die ich als Therapeut in den Zusammenhang des Erlebten einflechte.

Manche Teilnehmer/innen eines Seminars möchten ihre Aufstellung in der Fantasie planen. Das ist nicht möglich; die Aufstellung geschieht nicht in Gedanken oder Fantasien vorher, sondern im gesammelten Handeln beim Aufstellen, sodass alle Teilnehmer/innen in der Mittagspause und nachts frei haben. Die Arbeitszeiten sind in der Regel von 9 bis 12 Uhr und von 15 bis 18 Uhr.

Für wen das Familienstellen hilfreich ist

Das Familienstellen ist hilfreich für Frauen und Männer

- die trotz aller Liebe das Zusammenleben in Freundschaft, Partnerschaft und Ehe schwierig und leidvoll erleben;
- die allein leben trotz des Wunsches, eine Liebes- und Lebensbeziehung zu beginnen;
- die die Absicht haben, eine Beziehung zu beenden und belastende Verstrickungen klären möchten;
- die die Beziehungen in ihrer Gegenwarts- oder Herkunftsfamilie trotz bester Absichten als belastend und problematisch erleben;
- die Klärung und Hilfe brauchen bei schweren seelischen oder organischen Störungen oder Krankheiten, wie z.B. Sucht, Depression, Suizidalität oder Krebs;
- die in beruflichen Konflikten gute Lösungen finden wollen;
- zur beruflichen Fortbildung.

Die guten Kräfte der geordneten Ganzheit der Familie werden sofort und weiterhin im Laufe der Zeit wirksam: Wir erleben die Beziehungen zu unseren Eltern neu, wir können sie nehmen als den reinen Quell unseres Lebens und sind ihnen in Dankbarkeit und Liebe verbunden und frei von Vorwürfen, die wir ihnen gemacht haben. Diese Erfahrung macht uns frei für unser eigenes Leben. Die Beziehungen zwischen Liebes- und Lebenspartnern und die zwischen Eltern und Kindern werden frei von leidvollen Verstrickungen und Verbundenheiten mit Menschen, die ein schweres Schicksal hatten oder aus der Familie ausgeschlossen waren. Die Beziehung zu einem selbst kann jetzt kraft- und liebevoll werden: Alle, die zu einem gehören, haben einen guten Platz in einem selbst. Dadurch steigt die Lebenskraft und -freude sofort stark an. Wir können uns so dem Leben in seiner Fülle hingeben und es mitgestalten und können auch das Schwere, das wir mitgemacht haben, als Teil unseres Lebens anerkennen. Wenn wir ein schweres Schicksal hatten oder haben oder an schweren Schicksalen beteiligt waren oder sind, können wir eigene und fremde Verstrickungen und Identifikationen erkennen und einsehen, dass das Schlimme in verstrickter Liebe geschehen ist. Wir finden in den Aufstellungen oft die Stelle der Beziehungen der Liebe, von der aus wir vieles, auch das, was wir uns oder anderen zum Schaden getan haben, verstehen, lösen und ändern können. Männer und Frauen, die allein leben und eine Liebes- und Lebenspartnerschaft entwickeln möchten, erkennen durch die Aufstellung ihre Gebundenheit und erfahren die Möglichkeit, sich aus alten Verstrickungen zu lösen und Lebensziele zu realisieren.

Wenn Eltern mit kleinen oder großen Kindern ihre Familie aufstellen, hat das oft unmittelbar gute Auswirkungen auf das Verhalten der Kinder und die Beziehungen in der Familie.

Bei schweren körperlichen oder seelischen Krankheiten können manchmal Zusammenhänge mit schweren Schicksalen anderer Personen in der Familie erkannt werden, was einen stärkenden Einfluss auf die Heilungskräfte des Organismus hat.

Berufliche Konflikte und Schwierigkeiten haben oft einen Zusammenhang mit belastenden Verstrickungen in der Herkunftsfamilie, sodass die Aufstellungen gute Auswirkungen auf die berufliche Situation haben.

Exkurs 3

Das Wissen durch Teilhabe

Durch die Praxis des Familienstellens ist eine menschliche Fähigkeit ans Licht gekommen, die uns bisher in dieser Klarheit nicht bekannt war. Wir Menschen sind miteinander auf einer meistens unbewussten Ebene verbunden und haben ein Wissen, das in bestimmten Situationen ans Licht des Bewusstseins kommt, z. B. beim Familienstellen. Hier zeigt sich, dass die für die Mitglieder einer Familie als Stellvertreter aufgestellten fremden Personen in der Aufstellung ein Wissen um die Familien besitzen, ohne vorher Informationen bekommen zu haben. Diese allgemeine menschliche Fähigkeit wird beim Familienstellen therapeutisch genutzt, wenn schwere verdrängte Schicksale von Mitgliedern der Familie aus drei bis vier Generationen ans Licht kommen und in die Gemeinschaft der lebenden Familie integriert werden.

Dadurch dass diesen bisher aus der Familie ausgeschlossenen Personen das Recht auf Zugehörigkeit wieder gegeben wird, entsteht sofort oder im Laufe der Zeit ein enormer Zuwachs an Kraft und Lebendigkeit für den Einzelnen und die Familie. Dadurch wird die Ausgangslage für ein Leben in Fülle und Freude und die Meisterung der alltäglichen Aufgaben, Belastungen und Konflikte wesentlich verbessert.

Die persönliche Entwicklung von der Zeugung bis heute ist die zweite prägende Seite in unserem Leben. Die gute frühe Eltern-Kind-Beziehung, das behütete Aufwachsen in einer Familie, die Förderung der geistigen und körperlichen Kräfte im Kindergarten, in der Schule, in der Ausbildung, oder der Mangel an Fürsorge und Unterstützung sind Ereignisse, die ebenfalls fördernd oder hindernd das Leben mitbestimmen. In diesem Bereich des eigenen Lebens gibt es viele Möglichkeiten zur Selbsthilfe und Hilfe durch andere, z. B. durch Bücher, in Beratungsstellen, Selbsthilfegruppen und Therapien.

Die Fähigkeit zur Paar- und Liebesbeziehung mit der Kraft zur Bindung in Freiheit und zum gemeinsamen Lebensaufbau in Partnerschaft und Familie führt uns aus der Kindheit in die Welt der Erwachsenen. Das Gelingen und Gedeihen in der Welt der Paare, der Familie, der beruflichen und gesellschaftlichen Aufgaben hängt wesentlich von unserer Fähigkeit ab, uns im Gespräch mitzuteilen und uns selbst und den Partner im Gespräch zu erleben, zu erkennen und anzunehmen. Diese Fähigkeit zum offenen, lebendigen Zwiegespräch können wir übend lernen und vervollkommnen.

Dank

Beim Schreiben dieses Buches fühlte ich mich in Freude und Dankbarkeit mit denen verbunden, die an diesem Buch Anteil haben: mit Bert Hellinger, dem mutigen, hellsichtigen, klar denkenden Mann, Lehrer und Freund, mit den Frauen und Männern, die in den vergangenen zehn Jahren in meine Kurse für das Familienstellen gekommen sind, in denen vom ersten Tag an eine Atmosphäre naher, vertrauender, liebevoller Verbundenheit und intensiver mutiger Arbeit bestand, mit Dr. Norbert Linz, der mich mit großer Sachkunde und Erfahrung unterstützt hat, den Text „auszudreschen", sodass manche Spreu verflog, mit meiner Freundin Nada Lemke, die das Manuskript in den Computer getippt hat und mit Birgit Jährling und Sigrid Hanstein, die mir bei den Abschlussarbeiten und Korrekturen geholfen haben.

Literatur-Empfehlungen

Wenn Sie mehr über das Familienstellen und die daraus entwickelten Erkenntnisse von Bert Hellinger wissen wollen, empfehle ich, mit dem Buch „*Anerkennen, was ist*" von Bert Hellinger und Gabriele ten Hövel zu beginnen. Die Praxis des Familienstellens unter Leitung von Bert Hellinger können Sie auf zahlreichen Videos nachvollziehen, zum Beispiel auf den drei Bändern „*Wir gehen nach vorne. Ein Kurs für Paare in Not*". Carl-Auer-Systeme Verlag, Heidelberg.

Das Gesamtwerk von Bert Hellinger besteht zur Zeit (Frühjahr 2001) aus 21 Büchern, 13 Video-Kursdokumentationen und ca. 25 Tonträgern. Einige Videos wurden im Ausland in den Landessprachen mit deutscher Übersetzung aufgenommen. Mehrere Bücher kommen in 10 Sprachen heraus, u. a. in Russisch, Japanisch und Chinesisch.

Wer sich eingehender mit der systemischen Aufstellungsarbeit befassen möchte, wähle von Bert Hellinger aus dem Carl-Auer Verlag, Heidelberg: „*Ordnungen der Liebe. Ein Kurs-Buch*", sowie „*Die Quelle braucht nicht nach dem Weg zu fragen*". Ein kraftvoll nährendes Büchlein ist „*Verdichtetes. Sinnsprüche – kleine Geschichten – Sätze der Kraft*". „*Religion – Psychotherapie – Seelsorge*", München (Kösel), gibt Suchenden klare und oft überraschende Antworten auf viele Fragen: zum Gewissen, zum Himmel, der krankmacht, und der Erde, die heilt, zu Schuld und Sühne.

Zur Gesamtthematik des Familienstellens und der daraus entwickelten Organisationsaufstellungen gibt es außerdem ca. 20 Bücher von anderen Autoren, die zum großen Teil im Carl-Auer-Systeme Verlag, Heidelberg, erschienen sind. Von diesen empfehle ich besonders:

Weber, Gunthard (Hrsg.) *„Zweierlei Glück. Die systemische Psychotherapie Bert Hellingers"*, Carl-Auer-Systeme Verlag. Durch dieses inzwischen 100 000 Mal verkaufte Buch wurde das Familienstellen im deutschen Sprachraum wie im Sturm bekannt und verbreitet.

Neuhauser, Johannes (Hrsg.) *„Wie Liebe gelingt. Die Paartherapie Bert Hellingers"*, Carl-Auer-Systeme Verlag.

Ulsamer, Bertold *„Ohne Wurzeln keine Flügel. Die systemische Therapie von Bert Hellinger"*, Goldmann Verlag.

Informationen zum Familienstellen

Informationen zum Familienstellen und zur Aufstellung von Organisationen können Sie anfordern im Sekretariat der

Internationalen Arbeitsgemeinschaft
Systemische Lösungen nach Bert Hellinger
c/o Akademie im Park
Heidelberger Str. 1 A
69168 Wiesloch
Tel. 06222-552761, Fax 06222-552766
E-mail: network@hellinger.com
Internet: www.hellinger.com

Dort erhalten sie auf Wunsch ein Verzeichnis der Aufsteller/innen im In- und Ausland und Informationen zu Tagungen und Arbeitskreisen. (Bitte DM 3,– in Briefmarken beilegen).

Die Internationale Arbeitsgemeinschaft gibt zweimal im Jahr die Zeitschrift „Praxis der Systemaufstellung" heraus; sie kann im Sekretariat bestellt und abonniert werden.

Anmerkungen

Dieses Buch basiert auf der Arbeit von Bert Hellinger. Viele Formulierungen habe ich von ihm übernommen oder sind den seinen ähnlich. Oft sind es Aussagen, die er in seinen Kursen beim Familienstellen gemacht hat. Als Beobachter habe ich an etwa 20 Kursen von Bert Hellinger teilgenommen.

1. Bâ, Amadou Hampâté: Jäger des Wortes, Wuppertal (Hammer), 1995, S. 9 und S. 45

2. Hellinger, Bert: persönliche Mitteilung

3. Walser, Robert: Jakob von Gunten, Zürich und Frankfurt (Suhrkamp) 1985, S. 128

4. Watzlawick, Paul, Janet H. Beavin, Don D. Jackson: Menschliche Kommunikation, Bern (Huber) 1990, S. 84 ff.

5. Rosenhan, David L., zitiert nach Watzlawick, Paul (Hrsg.): Die erfundene Wirklichkeit, München (Piper) 1986, S. 65 f. und 115 ff.

6. Neuhauser, Johannes (Hrsg.): Wie Liebe gelingt – die Paartherapie Bert Hellingers, Heidelberg (Auer) 1999, S. 23 f.

7.   Gmeiner, Lisa: persönliche Mitteilung

8.   Hellinger, Bert: Ordnungen der Liebe, Heidelberg (Auer) 1994, S. 466

9.   Hellinger, Bert und Gabriele ten Hövel: Anerkennen, was ist. München (Kösel) 1996, S. 46 f.

10. Hellinger, Bert: Ordnungen der Liebe, Heidelberg (Auer) 1994, S. 511 f.

11. Hellinger, Bert und Gabriele ten Hövel: a.a.O., S. 59

12. Neuhauser, Johannes (Hrsg.): a.a.O., S. 21

13. Hellinger, Bert und Gabriele ten Hövel: a.a.O., S. 83

14. Hellinger, Bert: persönliche Mitteilung

15.   Sheldrake, Rupert: Sieben Experimente, die die Welt verändern könnten – Anstiftung zur Revolutionierung des wissenschaftlichen Denkens, Bern/München/Wien, 1994

16. Hellinger, Bert: Religion Psychotherapie Seelsorge, München (Kösel) 2000, S.196

17. Hellinger, Bert: persönliche Mitteilung

18. Moeller, Michael Lukas: Gelegenheit macht Liebe, Reinbeck (Rowohlt) 2000, S. 47

19. Moeller, Michael Lukas: a.a.O., S. 106

20. Moeller, Michael Lukas: Worte der Liebe, Reinbek (Ro-
    wohlt), 1996, S. 21

21. Michael, Lukas Moeller. Ein Informationsblatt Einla-
    dung zur Zwiegesprächswerkstatt

22. Mead, Margaret: Jugend und Sexualität in primitiven
    Gesellschaften, 3 Bände, München (dtv) 1970

23. Hellinger, Bert und Gabriele ten Hövel: Anerkennen,
    was ist. München (Kösel) 1996, S. 102 ff.

24. Zeig, Jeff: persönliche Mitteilung

25. Neuhauser, Johannes (Hrsg.): a.a.O., S. 195 f.

26. Zeig, Jeff K. (Hrsg.): Meine Stimme begleitet Sie über-
    all hin, Stuttgart (Klett-Cotta) 1985, S 24 f.

27. Eberhardt, Margarete: Das Werten, Hamburg (Meiner)
    1950, S. 167 ff.

28. Goethe, J. W.: Iphigenie auf Tauris, in Hamburger Aus-
    gabe, Band 5, S. 8 München (Beck) 1982

29. Hellinger, Bert: persönliche Mitteilung

30. Hellinger, Bert und Gabriele ten Hövel: a.a.O., S. 146 ff.

31. Aries, Philippe und Georges Duby (Hrsg.): Geschichte
    des privaten Lebens, Augsburg (Weltbild) 1999, Band 1,
    S. 23 f.

32. Hellinger, Bert: persönliche Mitteilung

33. Grossarth-Maticek, Ronald: Systemische Epidemiologie und präventive Verhaltensmedizin chronischer Erkrankungen, Berlin (de Gruyter), 1999, S. 47 ff.

34. Grossarth-Maticek, Ronald: a.a.O. S. 262

35. Hellinger, Bert und Gabriele ten Hövel: a.a.O., S. 83

Der Weg zu zweit

Margarethe Schindler
Heute schon geküßt?
Paare brauchen Rituale
Band 5126

Rituale dienen der bewussten Beziehungspflege. Alle wichtigen Lebensbereiche, alle partnerschaftlichen Problemzonen lassen sich mit ihnen postiv beeinflussen.

Hans Jellouschek
Wie Partnerschaft gelingt – Spielregeln der Liebe
Beziehungskrisen sind Entwicklungschancen
Band 5134

Was jeder tun kann, um die eigene Partnerschaft auf Dauer lebendig zu halten und Krisen als Chance zur Vertiefung der Beziehung zu erleben.

Lukas Richterich
Glücklich – auch nach sieben Jahren
Das Geheimnis einer guten Partnerschaft
Band 5066

Wirksame und praktische Regeln für Paare, die es auch nach vielen Jahren noch ernst miteinander meinen.

Gabriele Kreppold-Gröger/Josef Kreppold
Der Weg zu zweit
Liebe ohne Selbstaufgabe
Band 4969

Auf Dauer kommt es darauf an, die Beziehung gut zu pflegen.
Die Autoren zeigen, wo Fallen liegen, wie man sie erkennt, umgeht oder produktiv nutzt.

Auf das Leben und die Liebe
Eine kleine Poesie des Glücks zu zweit
Band 7012

Mal trocken und mal üppig. Immer witzig. Furchtbar treffend. Verse von Robert Gernhardt, Gioconda Belli, Erich Fried, Wolf Biermann u. a.

HERDER spektrum